와우! 한국어

지은이

우송대학교 한국어교육원 초빙교수
이강록 · 이주리 · 최현숙 · 윤지영

감수

우송대학교 한국어교육원 초빙교수
임명옥

와우! 한국어 Ⅰ-1

초판 1쇄 발행   2013년 8월 19일
초판 2쇄 발행   2016년 3월 4일

지 은 이   이강록 외
펴 낸 이   박찬익
펴 낸 곳   도서출판 박이정
편　　집   황인옥
편 집 장   김려생
주　　소   서울시 동대문구 용두동 129-162
전　　화   02)922-1192~3
팩　　스   02)928-4683
홈페이지   www.pjbook.com
이 메 일   pijbook@naver.com
등　　록   1991년 3월 12일 제1-1182호

ISBN 978-89-6292-433-6(13710)
*책 값은 뒤표지에 있습니다.

와우! 한국어

I-1

　　와우 한국어는 학문목적 기초 한국어 학습자에 맞는 영역 구분식 통합교재 발간을 목적으로 개발하였다. 기초 한국어 학습자의 한국어 교육에 있어서 학습자 모국어나 매개어를 사용하지 않고도 학습자가 학습 내용과 맥락을 이해하는 것이 중요하다. 이 교재의 가장 큰 특징은 많은 그림 및 사진 자료를 통해 기초 한국어 학습자가 직관적으로 내용과 맥락을 이해할 수 있도록 한 것이다. 그리고 적절한 연습문제를 통해 과별 학습 내용을 이해하고 다양한 과제 활동을 통해 이해한 내용을 실제 언어 현실에서 사용할 수 있게 하는 데 중점을 두었다.

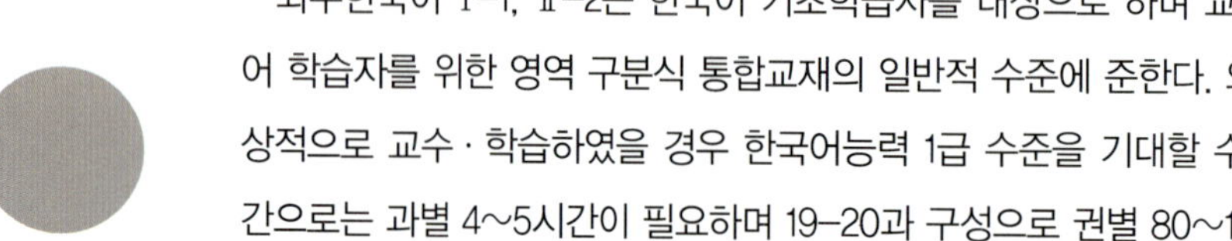

　　와우한국어 Ⅰ-1, Ⅱ-2는 한국어 기초학습자를 대상으로 하며 교재로서 난이도는 기초 한국어 학습자를 위한 영역 구분식 통합교재의 일반적 수준에 준한다. 와우한국어 Ⅰ-1, Ⅱ-2를 정상적으로 교수·학습하였을 경우 한국어능력 1급 수준을 기대할 수 있다. 학습에 소요되는 시간으로는 과별 4~5시간이 필요하며 19-20과 구성으로 권별 80~100시간이 필요하다.

　　교재 구성은 '말하기', '듣기', '읽기'세 영역으로 구분하였으며 '읽기'와 '쓰기'를 통합하였다. 각 과별 활동을 통해 '쓰기'를 보강할 수 있도록 하였다. 각 영역별 학습량으로 말하기와 문법을 통합하여 2시간 정도를 배분하였고 듣기, 읽기 및 쓰기, 그리고 활동에 2시간 정도를 배분하였다.

　　문법이나 표현의 제시 순서는 난이도를 우선적으로 고려하여 순차적으로 제시하였다. 각 문법별 연습과 활동을 두어 문법의 이해와 활용능력 향상을 통해 전 영역의 고른 발달을 기하고자 했다. 말하기, 듣기, 읽기 지문의 주제는 기초학습자의 제한된 활동영역 안에서 일어날 만한 주제, 상황을 고려하여 선정하였으며 문법 활용과 표현에 필요한 어휘들을 각 과별로 12~16개 정도를 그림과 함께 제시하였다. 읽기와 쓰기는 정형화된 읽기 지문에 현실성 있는 내용을 담아 학습을 통해 형식적인 글쓰기 학습과 실용문 쓰기가 이루어질 수 있도록 하였다. 각 과마다 토픽 유형의 확인학습란을 두어 학습내용에 대한 수시평가 대비와 한국어 능력시험의 유형 익히기를 동시에 할 수 있도록 하였다.

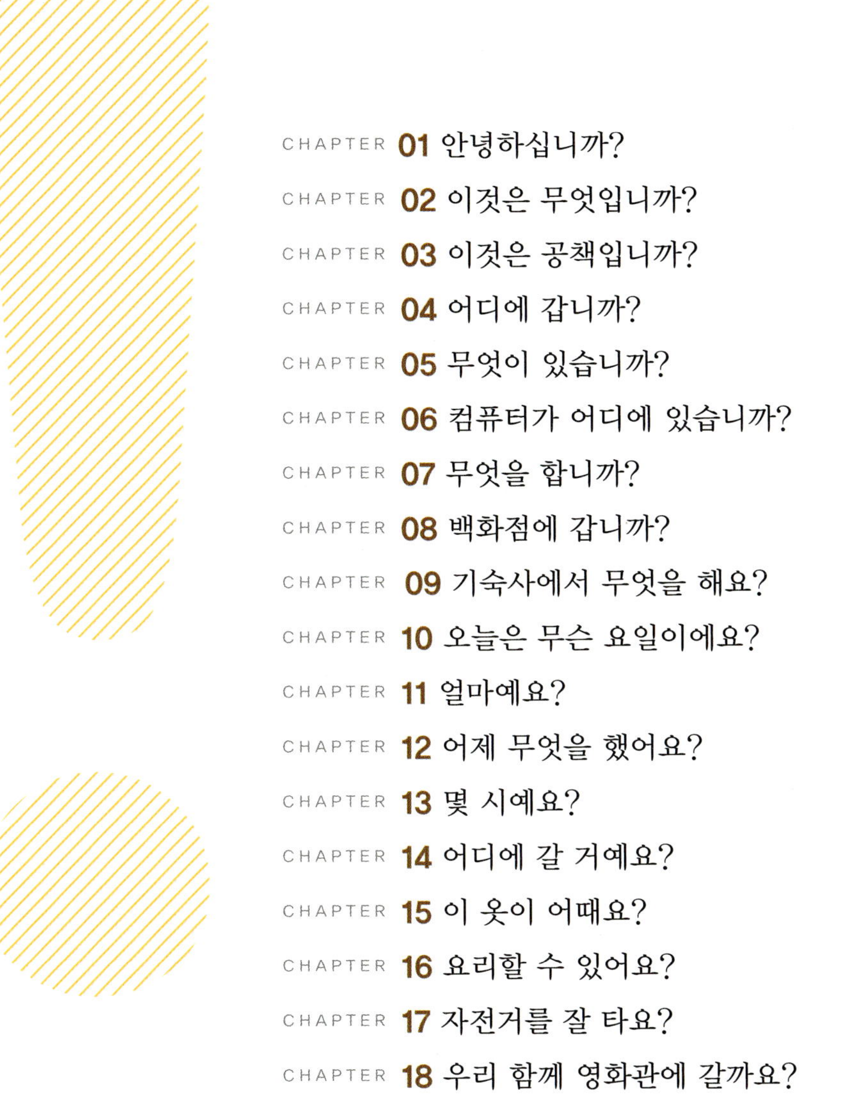

교재 구성표   *Table of Contents*

과	주제문	대화	기능	문법	어휘	듣기 연습	읽기 연습	활동(과제)	확인학습
1과	안녕 하십니까?	교실 인사	완성된 문장 읽기 격식체로 인사 나누기 상대 정보 묻기	연음법칙 N입니다. 저는 N입니다. 어느 N N입니까? N도 N입니다.	직업	인사 직업		명패 만들기 (이름, 직업) 반 친구이름 외우기	
2과	이것은 무엇 입니까?	교실 사물 묻기	지시어, 의문대명 사로 사물 묻기	이/그/저것은 무엇 입니까?	교실 사물	사물 묻기		교실 사물 찾기	1, 2과 문법, 어휘, 읽기, 쓰기 기능 평가
3과	이것은 공책입니까?	교실 사물 묻기	지시어, 이문대명사로 사물묻기	이/그/저것은 무엇입니까?	교실 사물	사물 묻기		교실 사물 찾기	
4과	어디에 갑니까?	대학구내 장소 묻기	장소 표현하기	여기/저기/거기 여기는 어디입니 까? N은 N에 갑니다.	장소1	교내 장소 묻기	장소 소개	교내 지도보고 장소 묻기	3, 4과 문법, 어휘, 읽기, 쓰기 기능 평가
5과	무엇이 있습니까?	기숙사에 서 물건 에 대해 이야기하 기	소유 표현하기 일정장소에서 소 개하기	N의 N N이/가 있습니다/ 없습니다. −하고(열거)	소지품	물건에 대해 이야기 하기	방 소 개	비치백 속 물건 주인 묻기	

과	주제문	대화	기능	문법	어휘	듣기 연습	읽기 연습	활동(과제)	확인학습
6과	컴퓨터가 어디에 있습니까?	기숙사에서 사물의 위치에 대해 이야기하기	위치표현	N은/는/이/가 N(위치)에 있습니다/없습니다 N-앞, 뒤, 옆, 위, 아래에	가구 가전제품	기숙사에서 사물의 위치에 대해 이야기하기	나의 방	위치에 맞게 사물 그림 그리기	5, 6과 문법, 어휘, 읽기, 쓰기 기능 평가
7과	무엇을 합니까?	이동, 활동 이야기하기	장소 표현 장소에서의 행위 표현	N와/과 N은/는 N을/를 V ㅂ니다/습니다 N에서 N을/를 V ㅂ니다/습니다	동사1	행위 말하기	생활	장소-마임 장소에서 무엇을 하는지 마임으로 표현하고 맞추기	
8과	백화점에 갑니까?	부정하기	위치표현 동사의 부정표현	아니요. N은/는 -지 않습니다 하지만	형용사 1	긍정 부정 답하기	마트와 백화점	부정형 말하기 게임	7, 8과 문법, 어휘, 읽기, 쓰기 기능 평가
9과	기숙사에서 무엇을 해요?	여러 장소에서 활동 이야기하기	비격식체	N은 N에서 N을/를 V아/어/여요. ㄷ 불규칙	동사2	교내 활동에 대해 이야기하기	운동	'아.어.여요' 골든벨	
10과	오늘은 무슨 요일이에요?	요일, 날짜 묻기	수 날짜 요일 비격식 표현	무슨 N~이에요? N은/는 몇 월 며칠이에요?	시간1	날짜, 요일 묻기	생일 파티	달력의 정보 주고받기	9, 10과 문법, 어휘, 읽기, 쓰기 기능 평가

과	주제문	대화	기능	문법	어휘	듣기 연습	읽기 연습	활동(과제)	확인학습
11과	얼마예요?	편의점에서 물건 사기	수 구매 계산 열거	(으)세요 얼마예요? N에 N은/는 N에 ～원이에요	수량 명사	쇼핑하기	쇼핑	전단지 보고 물건 사기	
12과	어제 무엇을 했어요?	과거의 일 말하기	과거 경험 기술	–았/었/였어요. (았/었/였습니다) V/A–고 S	음식1	과거경험	지난주 쇼핑	전에 한일 물어보기	11, 12과 문법, 어휘, 읽기, 쓰기 기능 평가
13과	몇 시예요?	시간 알려 주기, 시간의 흐름에 따른 일 말하기	수 시간표현 열거	～ 시예요 몇 N이에요?/예요? 몇 N에 N에 가요?	시간2	일과 알려주기	일과	시계빙고게임	
14과	어디에 갈 거예요?	미래계획 말하기 이동 시간 방법 묻기	미래 시제 이동시간 방법	을/ㄹ 거예요. N에서 N까지 N(시간) 걸려요 N(으)로 얼마나 걸려요?	교통수단	오월드 가기	휴가 계획	교통수단 타고 여기저기 가기	13, 14과 문법, 어휘, 읽기, 쓰기 기능 평가
15과	이 옷이 어때요?	쇼핑한 옷에 대해 이야기하기	기호 표현하기 묘사하기	–이/가 어때요? –아/어서 (순서) 그러면	형용사2	쇼핑경험이야기하기	백화점 쇼핑	카드로 문장 만들기	

과	주제문	대화	기능	문법	어휘	듣기 연습	읽기 연습	활동(과제)	확인학습
16과	요리할 수 있어요?	기숙사 주방에 대해 물어보기	가능 여부질문	V(으)ㄹ 수 있다/ 없다 V/A-(으)면	취미1	학교 안 복지시설 이용	학교 소개	학교 주변 맛집, 멋지 소개하기	15,16과 문법, 어휘, 읽기, 쓰기기능 평가
17과	자전거를 잘 타요?	자전거를 탈 수 있는지 물어보기	능력의 정도 질문 빈도부사	V을/를 잘 V/잘 못 V 항상, 자주, 가끔, 거의 -지 않다, 전혀-지 않다	취미2	농구 이야기	탁구	능력 있는 친구 찾기	
18과	우리 함께 영화관에 갈까요?	영화 같이 보는 약속하기	격식체 · 비격식체 청유하기 약속하기	N하고 같이/함께 V-아/어요(청유) V-(으)ㄹ까요? V-(으)ㅂ시다	장소2	주말 약속하기	진진 씨에게	여행 제안하기	17,18과 문법, 어휘, 읽기, 쓰기 기능 평가
19과	무슨 계절을 좋아해요?	계절에 대해 이야기하기	계절, 날씨 표현하기	무슨 N을/를 좋아해요? ㅂ불규칙 그래서	계절과 날씨	좋아하는 계절 말하기	겨울 등산	계절, 날씨에 관한 문장 만들기	
20과	왜 학교에 늦었어요?	학교에 늦은 이유 말하기	이유 표현 의사 표현	V/A-아/어서 V-고 싶어요	병원	친구하고 시 내가기	성심당의 추억	이유 묻기	19,20과 문법, 어휘, 읽기, 쓰기 기능 평가

○ 교재 구성과 사용법

How to Use This Book

- 문법 기능이 담긴 실용 회화에서 가장 보편적인 형태를 고려하여 제목을 만들었다.
- 제목의 문장 형식에 있어 화행을 촉발할 수 있는 질문의 형식을 취하였다.
- 학습자의 학습 목표를 목표어뿐만 아니라 매개어로 제시하였다.

• 말하기

1) 주제 : 본 교재의 주제는 기초 학습자의 필수 기능과 표현을 고려하여 주제를 선정하였으며 생활주변에서 경험할 수 있는 소재를 주로 다루었다. 주제를 의문형 문장으로 처리하여 학습자가 일상회화의 화제로 활용할 수 있도록 하였다.

2) 말하기 : 정해진 주제를 바탕으로 소정의 기능들을 학습하면서 자연스럽게 말하기 학습을 하도록 하였다. 말하기 대화문은 학습 초기에는 4문장 이상을 넘지 않도록 하였다. 학습량을 최소화하여 학습자가 수월하게 이해하고 기억할 수 있도록 하였다. 구체적인 활동을 통하여 능동적이고 수월한 말하기 학습이 이루어지도록 하였다.

3) 문법 사항 : 과에서 다루는 대표문법이 말하기 지문에 포함되도록 하였으며 말하기에서는 문법사항을 설명하지 않고 삽화, 대화의 맥락 속에서 자연스럽게 이해하도록 하였다.

• 문법 및 연습

활용 빈도와 수월성을 고려하여 문법 순서를 정하였다. 문법 설명의 적합성과 예문의 적절성을 고려하여 제시하였으며 문법 사항의 변별적 자질을 최소화하여 쉬운 것에서부터 어려운 것을 연습해 나가도록 했다. 연습과 활동을 통해 문법 및 표현을 익히고 이를 바탕으로 듣기, 읽기, 쓰기를 학습하도록 하였다.

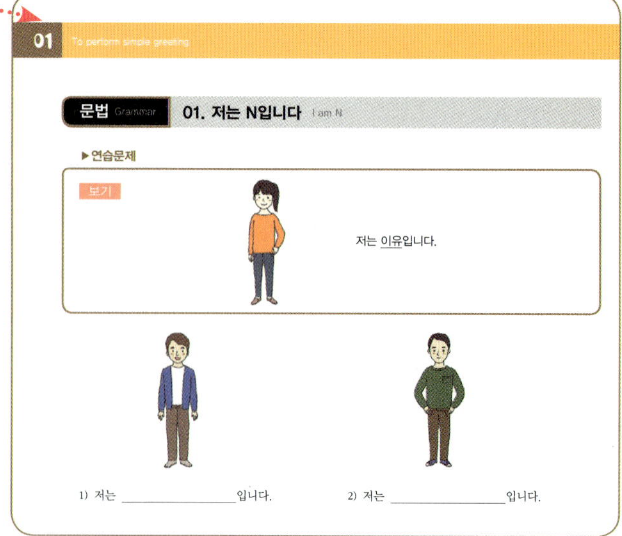

• 듣기 및 연습

듣기 : 말하기와 동일한 문법 및 표현을 사용하고 어휘의 난이
도를 높이고 어휘량과 대화량을 늘려 듣기 활동을 하도록 했
다. 어휘 발음 연습과 한국어능력시험 유형의 연습문제를 두어
자연스럽게 시험유형을 익히도록 했다.

• 읽기 및 연습

읽기 : 말하기와 동일한 문법 및 표현을 사용하고 어휘의 난이
도를 높이고 어휘량과 지문을 늘려 읽기 활동을 하도록 했다. 4
과 이후 접속부사 등을 읽기 지문에 제시하여 읽기에서 익히도
록 했다. 어휘 확장 연습과 한국어능력시험 유형의 연습문제를
두어 자연스럽게 시험유형을 익히도록 했다.

○ 교재 구성과 사용법　　*How to Use This Book*

• 활동

말하기의 주제와 소재, 문법 기능을 심화하여 활동을 구성
하였다. 앞에서 학습한 문법과 어휘 등을 충분히 활용하여
학습자가 능동적으로 활동에 참여하고 숙달도를 높일 수
있게 하였다.

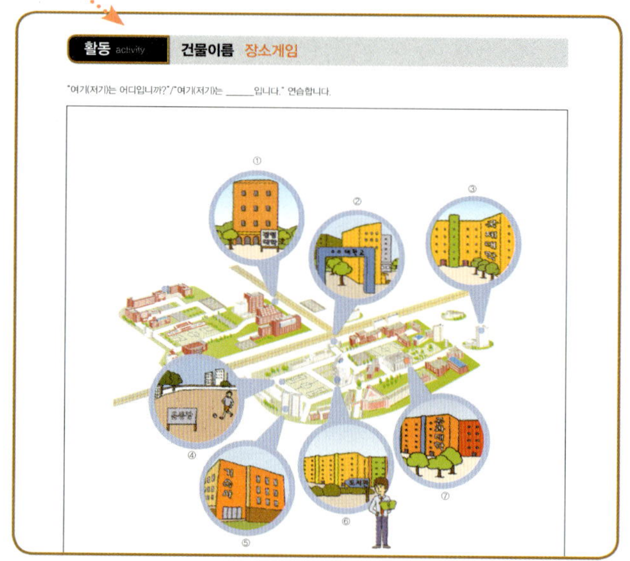

• 확인학습

해당 과에서 제시된 문법, 어휘의 연습문제를 응용하여 시
험문제 식의 문제로 변형하여 제시하였다.
해당 과에서 학습한 내용에 대한 응용력을 높이는 데에 목
표를 두고 구성하였다.
수업 외 과제 및 자습으로 활용할 수 있도록 하였다.

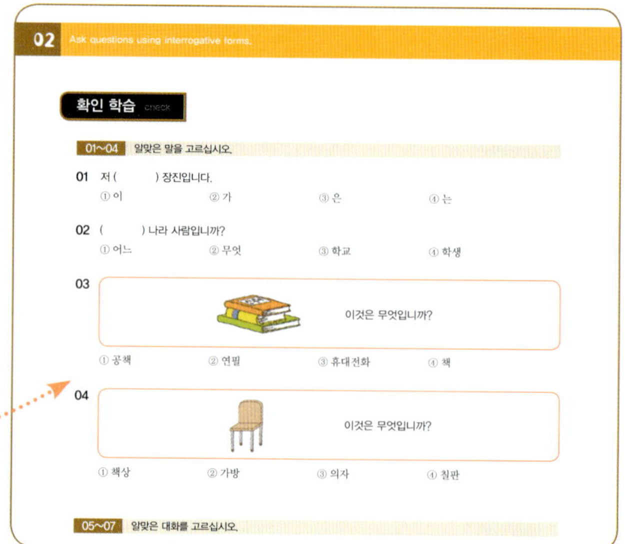

○ 주요 인물   *Main Characters*

안녕하세요
안녕하세요
저는 중국 사람입니다.
저는 베트남 사람입니다.

01

안녕하십니까?

안녕하십니까?

장진 : 안녕하십니까?

이유 : 안녕하십니까?

장진 : 저는 장진입니다. 저는 **학생**입니다.

이유 : 저는 이유입니다. 저는 **회사원**입니다. 반갑습니다.

장진 : 이유 씨는 어느 나라 사람입니까?

이유 : 저는 **중국** 사람입니다.

장진 : 저도 **중국** 사람입니다.

☑ **발음**

• 안녕하십니까 [안녕하심니까]
• 학생 [학쌩]
• 입니다 [임니다]
• 반갑습니다 [반갑씀니다]

☑ **어휘**

• 저 a humble expression of the first personal pronoun 'I(나)'
• 학생 student • 회사원 office worker
• 반갑습니다 glad to see you • 어느 which
• 나라 nation
• 중국 china

어휘 vocabulary　직업　직업은 무엇입니까?

학생	선생님	회사원
의사	가수	주부
경찰	운동선수	요리사

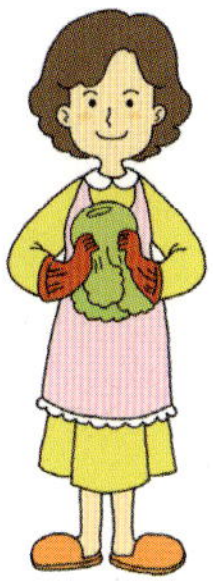

문법 Grammar | 01. 저는 N입니다 I am N

▶연습문제

보기

저는 <u>이유</u>입니다.

1) 저는 ______________________입니다.

2) 저는 ______________________입니다.

3) 저는 ______________________입니다.

4) 저는 ______________________입니다.

N은/는

'–은' is used after the noun ending in a consonant, and '–는' is used after the noun ending in a vowel. '–은/는' are used when contrasting, emphasizing, or expressing the topic of a sentence.

▶연습문제

보기

저는 <u>학생</u>입니다.

1) 저는 ________________입니다.

2) 저는 ________________입니다.

3) 저는 ________________입니다.

4) 저는 ________________입니다.

03. 안녕히 계세요 / 안녕히 가세요 Good bye (when a listener stays)
(when a listener leaves)

▶연습문제

1) 안녕히 _________________________.

2) 안녕히 _________________________.

3) 안녕히 _________________________.

4) 안녕히 _________________________.

▶연습문제

보기

가 : 저는 학생입니다.

나 : 저도 학생입니다.

1) 가 : 저는 _________________입니다.
    나 : _________________입니다.

2) 가 : 저는 _________________입니다.
    나 : _________________입니다.

3) 가 : 저는 _________________입니다.
    나 : _________________입니다.

4) 가 : 저는 _________________입니다.
    나 : _________________입니다.

05. 어느 나라 사람입니까? which country are you from?

▶ 연습문제 : 어느 나라 사람입니까?

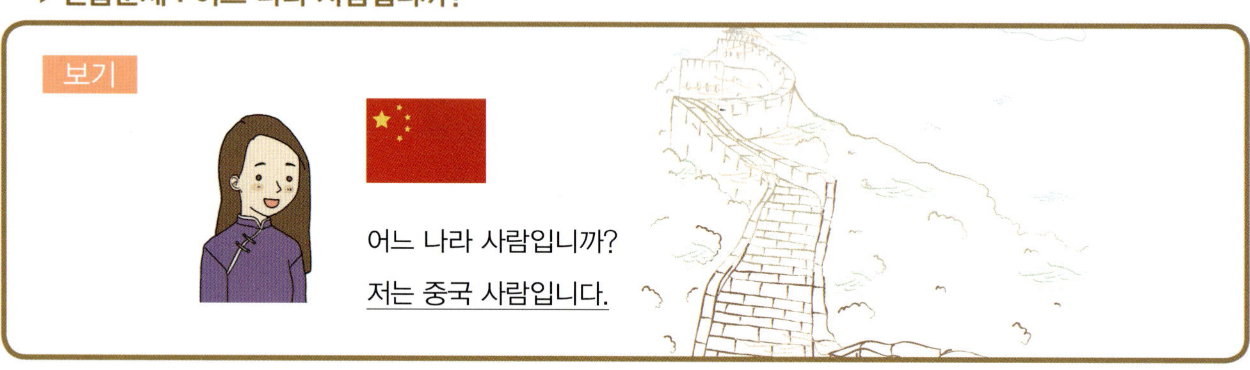

1)

어느 나라 사람입니까?

_______________________________입니다.

2)

어느 나라 사람입니까?

_______________________________입니다.

3)

어느 나라 사람입니까?

_______________________________입니다.

4)

_______________________________?

_______________________________.

 다음을 듣고 알맞은 것을 고르십시오.

01 ① 안늉　② 안농　③ 안녕　　**02** ① 저는　② 처능　③ 조는

03 ① 합생　② 하샘　③ 학생　　**04** ① 추부　② 주부　③ 조부

05 ① 선생님　② 성샌님　③ 성생님

 다음을 듣고 질문에 답하십시오.

06 피터 직업은 무엇입니까?

① 학생　　　　　② 선생님　　　　　③ 주부　　　　　④ 회사원

07 안나 직업은 무엇입니까?

① 학생　　　　　② 선생님　　　　　③ 주부　　　　　④ 회사원

08 누가 갑니까?

① 피너　　　　　② 안나　　　　　③ 투안　　　　　④ 선생님

 다음을 듣고 알맞은 것을 쓰십시오.

09 저는 (　　　　　)입니다

10 (　　　　　) 가세요.

☑ **어휘**
• 여러분 all of you

활동 activity · 안녕하십니까? 게임

① 한쪽에서 시작을 합니다. ② 자기 이름을 말합니다. "반갑습니다"라고 말합니다.
③ 다음 사람은 앞사람의 이름과 자기 이름을 말합니다. 역시 "반갑습니다"라고 말합니다.

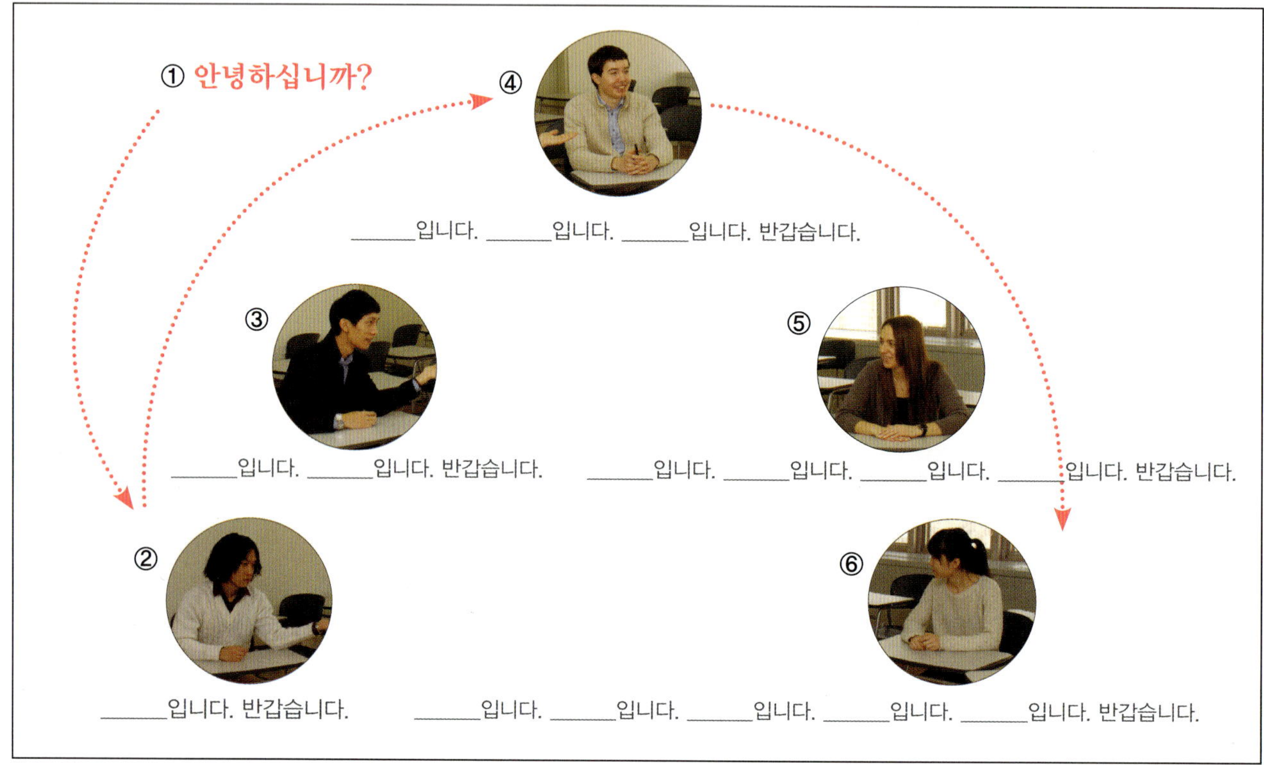

안녕히 계세요 / 안녕히 가세요 게임

① 선생님이 시작을 하면 제일 먼저 손을 드는 사람 하나를 선택합니다.
② 일어선 사람은 다른 학생들에게 "안녕히 계세요"라고 말하고 밖으로 나옵니다.
③ 앉은 사람은 "안녕히 가세요"라고 말합니다. 상을 준비합니다. 마지막 남은 사람이 패자입니다.

01~05 1. 안녕 2. 저는 3. 학생 4. 주부 5. 선생님

06~08

6~7. 피 터 : 안녕하십니까?

안 나 : 안녕하십니까?

피 터 : 저는 피터입니다. 저는 학생입니다. 반갑습니다.

안 나 : 저는 안나입니다. 저는 주부입니다. 반갑습니다.

8. 선생님 : 투안 씨, 안녕히 가세요.

투 안 : 선생님, 안녕히 계세요.

학생들 : 투안 씨, 안녕히 가세요.

투 안 : 여러분, 안녕히 계세요.

09~10

9. 저는 <u>학생</u>입니다.

10. <u>안녕히</u> 가세요.

Tip 인사

이것은 무엇입니까?
그것은 책상입니다

02

이것은 무엇입니까?

학습목표 | 한국어로 사물을 묻고 대답할 수 있다.

이것은 무엇입니까?

왕호 : 이것은 무엇입니까?

진진 : 그것은 **책**입니다.

왕호 : 저것은 무엇입니까?

진진 : 저것은 **책상**입니다.

☑ **발음**

- 이것은 [이거슨]
- 저것은 [저거슨]
- 무엇입니까 [무어심니까]
- 책입니다 [채김니다]
- 책상입니다 [책쌍임니다]

☑ **어휘**

- 이것 this
- 저것 that
- 그것 that, it
- 무엇 what
- 책 book
- 책상 desk

어휘 vocabulary | 교실 사물 | 이것은 무엇입니까?

 책	 공책	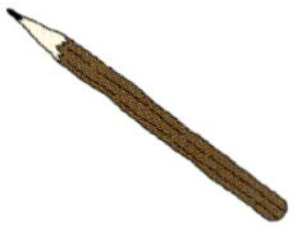 연필	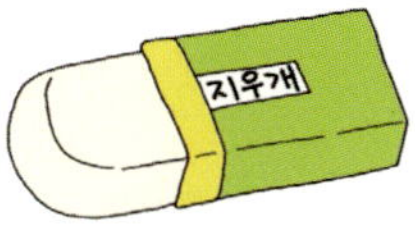 지우개
 책상	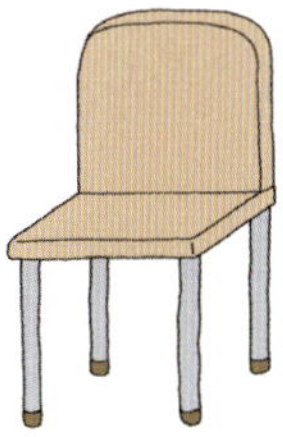 의자	 칠판	 컴퓨터
 휴대전화	 가방	 사전	 시계

문법 Grammar | 01. N은 무엇입니까? 이것/그것/저것 What is N? this / that or it / that

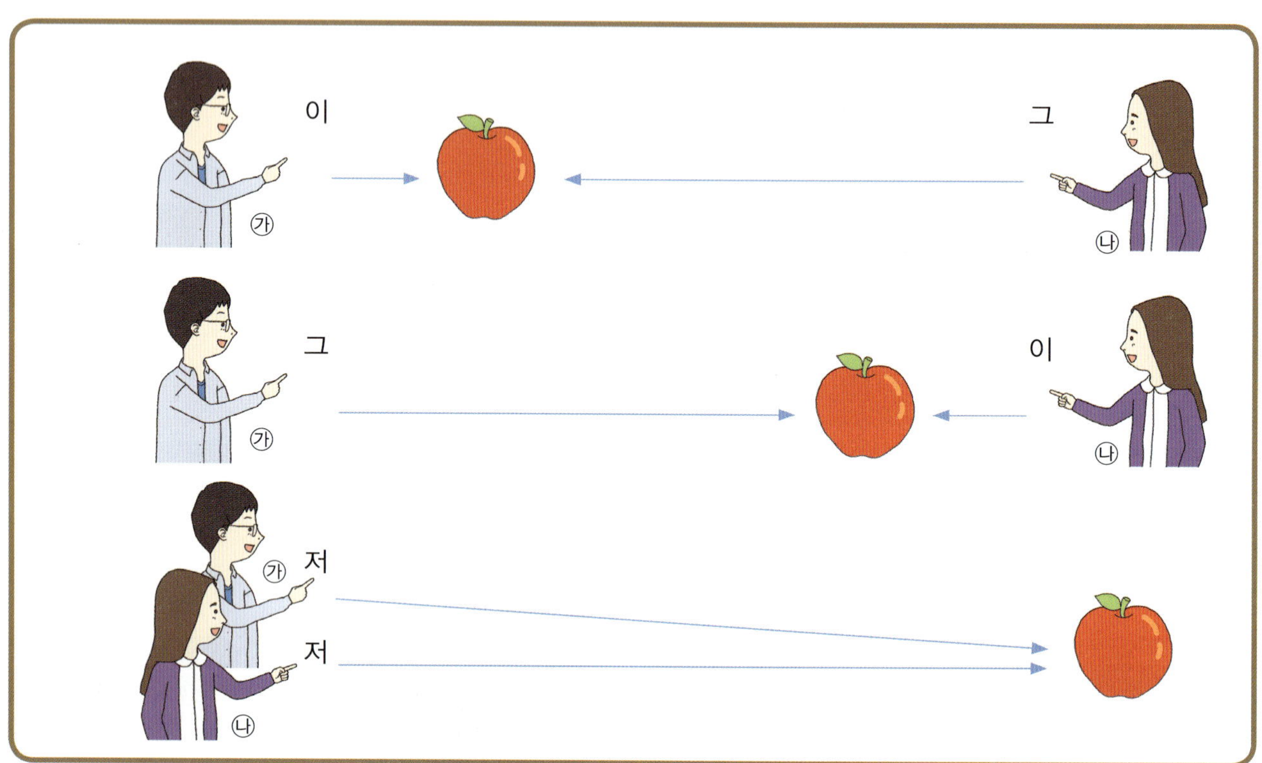

▶ 연습문제 1

1) 가 : ___________ 은 사과입니다.

2) 가 : ___________ 은 사과입니다.

3) 가 : ___________ 은 사과입니다.

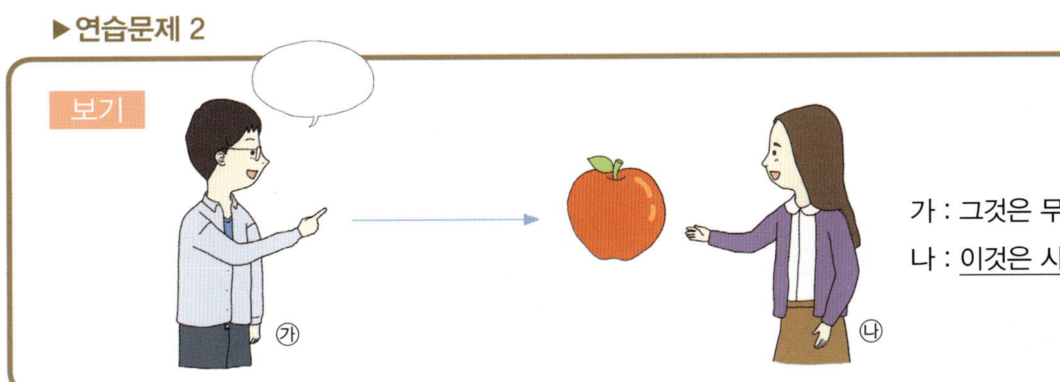

1)

가 : 이것은 무엇입니까?

나 : _________________ 입니다.

2)

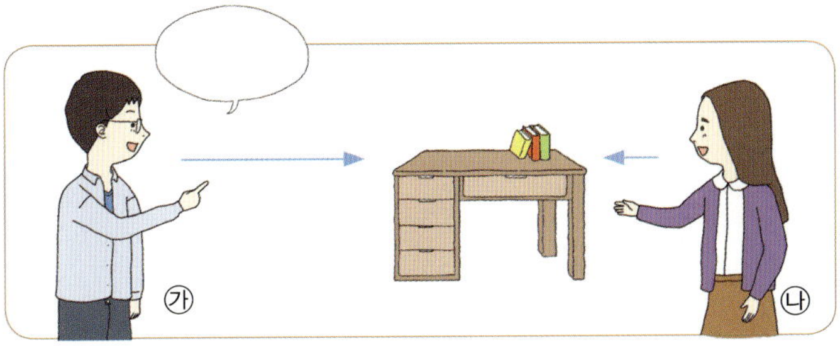

가 : _____________ 무엇입니까?

나 : _________________ 입니다.

3)

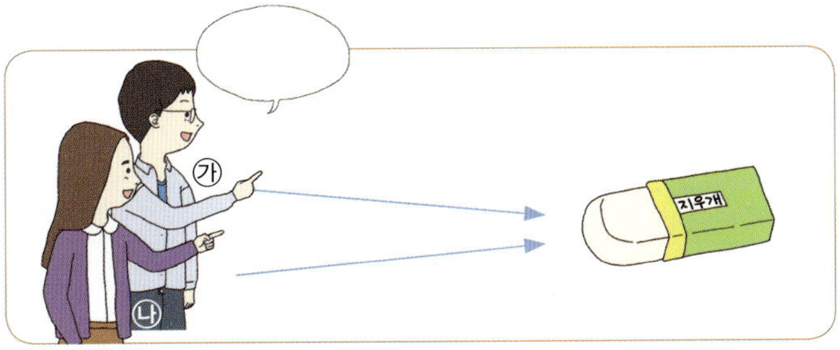

가 : _____________ 무엇입니까?

나 : _________________ 입니다.

4)

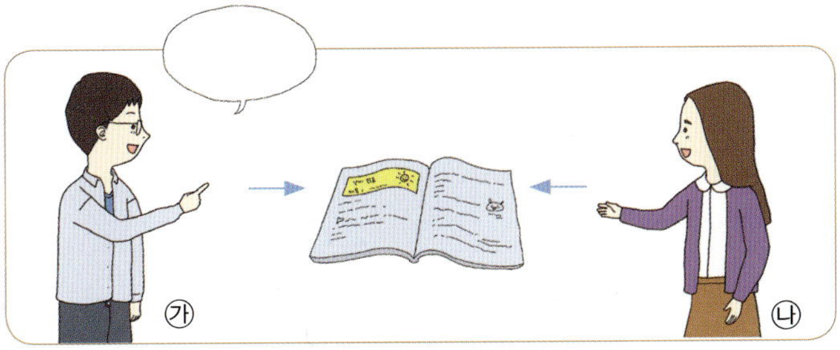

가 : _____________ 무엇입니까?

나 : _________________ 입니다.

▶ 연습문제 3

1)

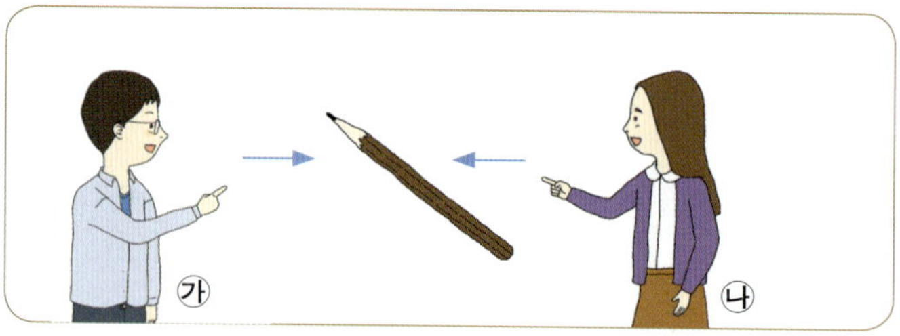

가 : _______________________?
나 : _______________________.

2)

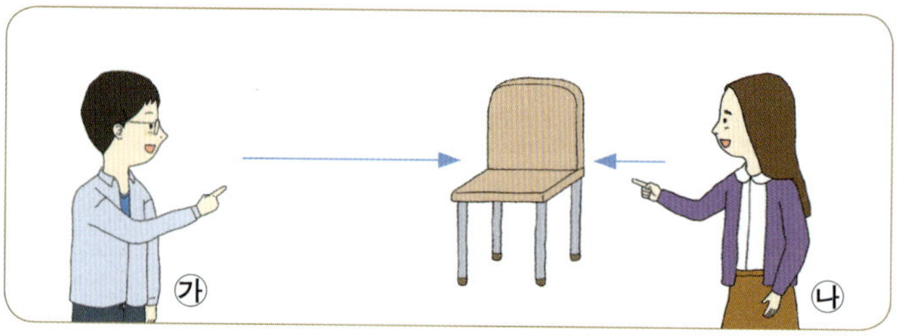

가 : _______________________?
나 : _______________________.

3)

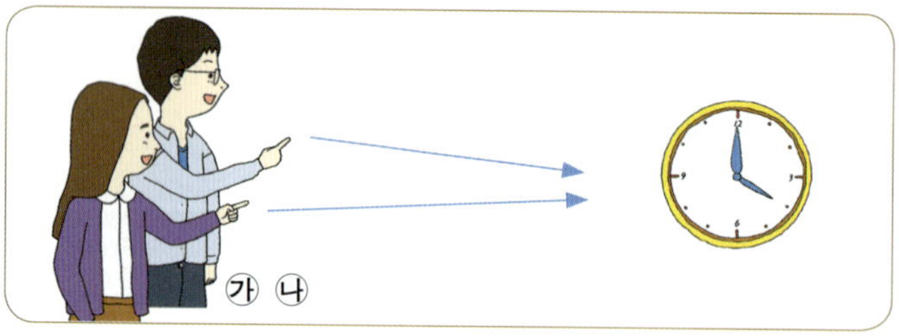

가 : _______________________?
나 : _______________________.

4)

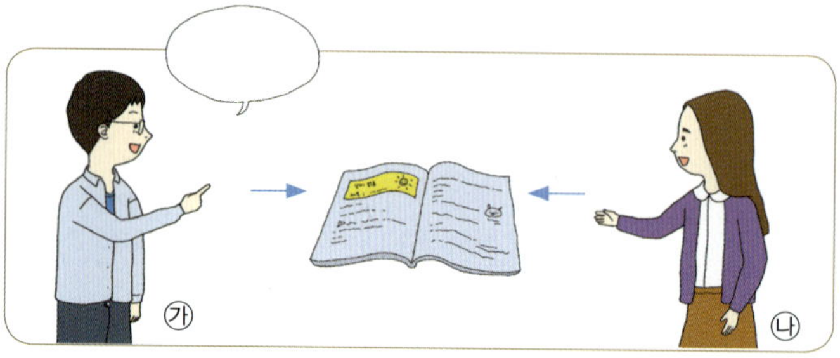

가 : _______________________?
나 : _______________________.

 다음을 듣고 알맞은 것을 고르십시오.

01 ① 이것은　② 이거츤　③ 이곳은　　**02** ① 무엇　② 모엇　③ 머엇

03 ① 그거즌　② 기거슨　③ 그것은　　**04** ① 채싼　② 책상　③ 척상

05 ① 가반　② 가팡　③ 가방

 다음을 듣고 질문에 답하십시오.

06 이것은 무엇입니까?

① 　② 　③ 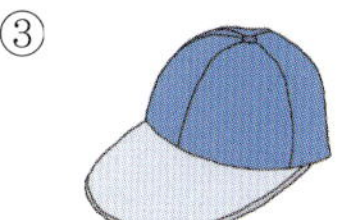　④ 

07 저것은 무엇입니까?
　① 이것은 책상입니다.　② 저것은 책상입니다.　③ 이것은 책입니다.　④ 저것은 책입니다.

 다음을 듣고 알맞은 것을 쓰십시오.

08 (　　　　) 무엇입니까?

09 (　　　　) 책상입니다.

10 (　　　　) (　　　　　)입니다.

활동 activity 교실 사물 이름 맞추기

교실에서 사용하는 물건의 이름을 찾습니다. 누가 먼저 찾을까요?
그림에서 찾는 물건에 'O'표 하십시오. 다 찾으면 손을 드십시오.

교실에 있는 물건의 이름을 묻고 답합니다. 답한 물건에 'O'표 하십시오.
이것은 무엇입니까?

1. 칠판입니다.	2. 의자입니다.
3. 책상입니다.	4. 창문입니다.
5. 문입니다.	6. 책입니다.
7. 지우개입니다.	8. 볼펜입니다.
9. 휴대전화입니다.	10. 가방입니다.

듣기 대본 listening scripts

01~05 1. 이것은 2. 무엇 3. 그것은 4. 책상 5. 가방

06~07

> 왕호 : 이것은 무엇입니까?
> 진진 : 그것은 가방입니다.
>   저것은 무엇입니까?
> 왕호 : 저것은 책상입니다.

08~10

> 8. (이것은) 무엇입니까?
>
> 9. (그것은) 책상입니다.
>
> 10. (저것은) (의자)입니다.

Tip **우리의 얼굴**

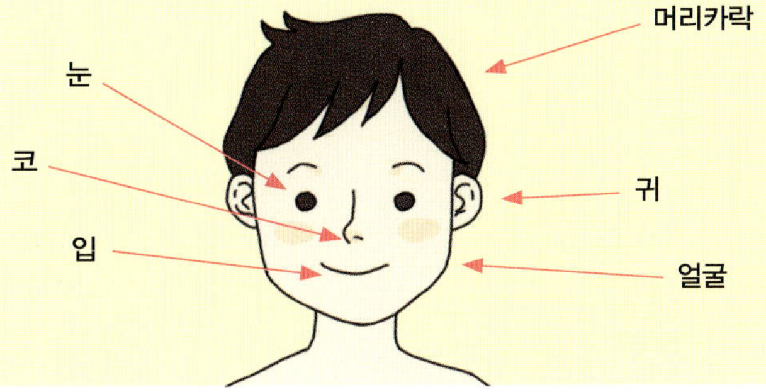

확인 학습 _check_

| **01~04** | 알맞은 말을 고르십시오. |

01 저 (   ) 장진입니다.

① 이   ② 가   ③ 은   ④ 는

02 (   ) 나라 사람입니까?

① 어느   ② 무엇   ③ 학교   ④ 학생

03

① 공책   ② 연필   ③ 휴대전화   ④ 책

04

이것은 무엇입니까?

① 책상   ② 가방   ③ 의자   ④ 칠판

| **05~07** | 알맞은 대화를 고르십시오. |

05
① 가 : 안녕하십니까?
　 나 : 고맙습니다.
③ 가 : 안녕하십니까?
　 나 : 안녕하십니까?

② 가 : 안녕하십니까?
　 나 : 미안합니다
④ 가 : 안녕하십니까?
　 나 : 안녕히 가세요.

06
① 가 : 이름이 무엇입니까?
　 나 : 저는 학생입니다.
③ 가 : 중국 사람입니까?
　 나 : 저도 중국 사람입니다.

② 가 : 어느 나라 사람입니까?
　 나 : 저는 대학교 학생입니다.
④ 가 : 이름이 무엇입니까?
　 나 : 저는 장진입니다.

07 ① 가 : 이것은 무엇입니까? 　　　② 가 : 그것은 무엇입니까?
　　　　나 : 저것은 책입니다. 　　　　　　　나 : 저것은 공책입니다.
　　　③ 가 : 저것은 무엇입니까? 　　　④ 가 : 저것은 무엇입니까?
　　　　나 : 이것은 사전입니다. 　　　　　　　나 : 저것은 연필입니다.

08

직업은 무엇입니까?

____

09

이것은 무엇입니까?

____

10

가 : _______________________

나 : _______________________

이것은 공책입니까?
아니요, 공책이 아닙니다.

03

이것은 공책입니까?

03

이것은 공책입니까?

왕호 : 이것은 **공책**입니까?

진진 : 네, 그것은 **공책**입니다.

왕호 : 저것은 **사전**입니까?

진진 : 아니요, 저것은 **사전**이 아닙니다.

　　　　저것은 **한국어 책**입니다.

☑ **발음**

- 공책입니까 [공채깁니까]
- 사전입니까 [사저님니까]
- 아닙니다 [아님니다]

☑ **어휘**

- 네 yes
- 아니요 no
- 한국어 책 korean book

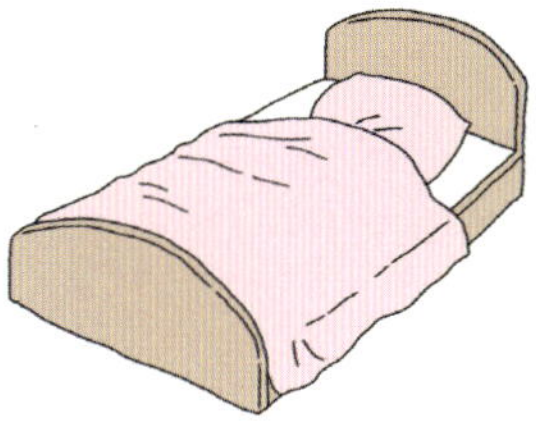

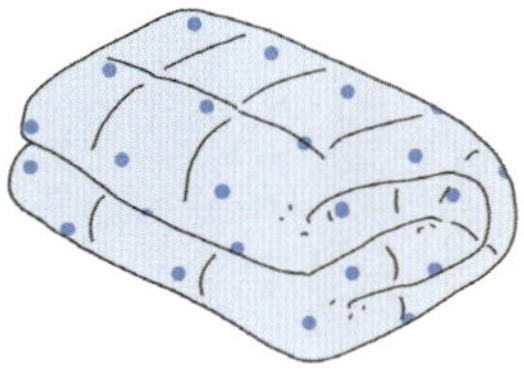

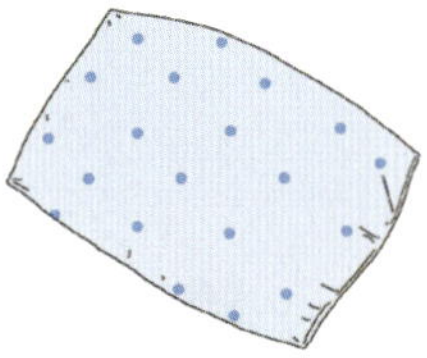

침대	이불	베개	책장
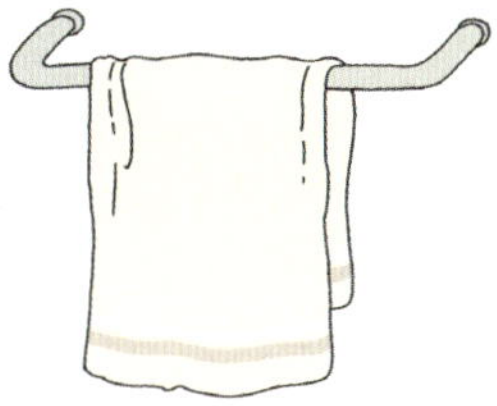 수건	 컵	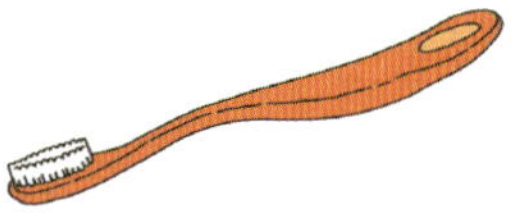 칫솔	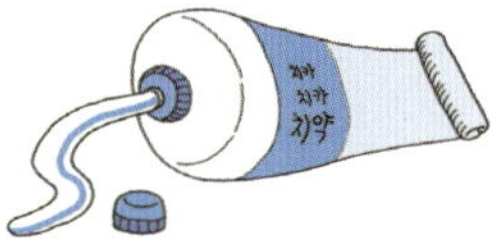 치약
 화장지	 샴푸	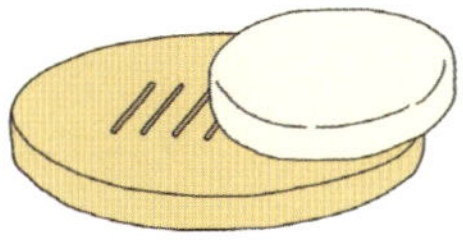 비누	 거울

문법 Grammar　01. N입니까?/네, N입니다. Is this N? Yes, it is N

▶**연습문제**

1) 가 : 한국어 책입니까?

　나 : ___________________.

2) 가 : _____________ 입니까?

　나 : ___________________.

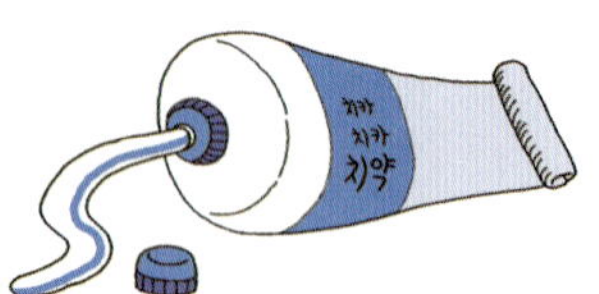

3) 가 : _____________ 입니까?

　나 : ___________________.

4) 가 : _____________ 입니까?

　나 : ___________________.

N-ㅂ니까/입니까

'-입니까' is used after the noun ending in a consonant, and '-ㅂ니까' is used after the noun ending in a vowel or 'ㄹ'. This formal expression is used when asking about certain facts to the listener. Answer with '네', '아니요'.

02. N입니까? 아니요, N이/가 아닙니다. Is this N? No, it is not N.

N 받침 (final consonant) ○	N 받침 (final consonant) ×
C(consonant) + 이	V(vowel) + 가
공책이 아닙니다.	사과가 아닙니다.

▶**연습문제 1**

1) 가 : 공책입니까?

   나 : _______________________.

2) 가 : 휴대전화입니까?

   나 : _______________________.

3) 가 : 비누입니까?

   나 : _______________________.

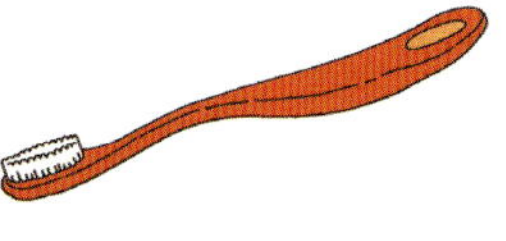

4) 가 : 치약입니까?

   나 : _______________________.

▶ 연습문제 2

1) 가 : 이것은 공책입니까?

　 나 : ______________________ 아닙니다.

　　　 ______________________ .

2) 가 : 그것은 샴푸입니까?

　 나 : ______________________ 아닙니다.

　　　 ______________________ .

3) 가 : 그것은 수건입니까?

　 나 : ______________________ 아닙니다.

　　　 ______________________ .

4) 가 : 그것은 책장입니까?

　 나 : ______________________ .

　　　 ______________________ .

듣기 listening

 다음을 듣고 알맞은 것을 고르십시오.

01 ① 창문　② 장문　③ 잔문

02 ① 질판　② 칠반　③ 칠판

03 ① 컴뷰터　② 컴퓨터　③ 검퓨터

04 ① 입니다　② 임미다　③ 잉니다

05 ① 아니요　② 아니오　③ 아니어

 다음을 듣고 질문에 답하십시오.

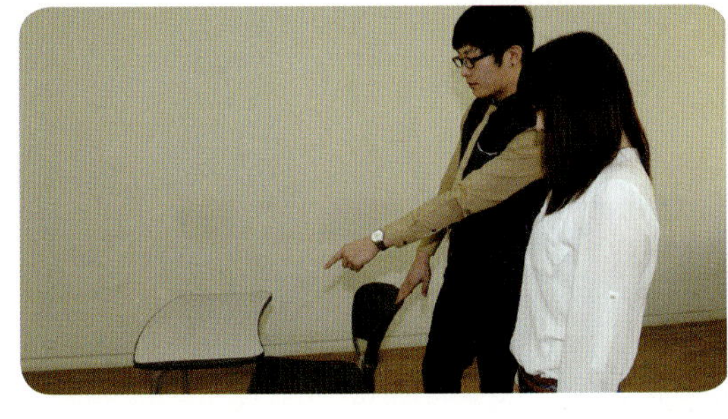

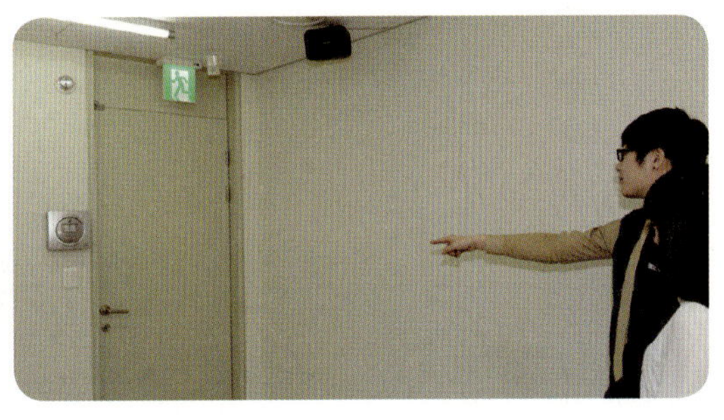

06 이것은 책상입니까?

　① 네, 그것은 공책입니다.
　② 네, 그것은 사전입니다.
　③ 네, 그것은 책상입니다.
　④ 네, 그것은 창문입니다.

07 저것은 창문입니까?

　① 아니요, 저것은 사전이 아닙니다. 저것은 책입니다.
　② 아니요, 저것은 가방이 아닙니다. 저것은 신발입니다.
　③ 아니요, 저것은 컵이 아닙니다. 저것은 컴퓨터입니다.
　④ 아니요, 저것은 창문이 아닙니다. 저것은 문입니다.

 다음을 듣고 알맞은 것을 쓰십시오.

08 이것은 (　　　　　　)입니까?

09 네, (　　　　) (　　　　　　)입니다.

10 (　　　　　), 저것은 컴퓨터가 (　　　　　).

☑ **어휘**
・창문　window
・문　door

활동 activity   기숙사 사물 찾기 스피드 게임

기숙사에서 사용하는 물건의 이름을 찾습니다. 누가 먼저 찾을까요?
그림에서 찾은 물건에 'O'표 하십시오. 다 찾으면 먼저 손을 드십시오.

방안에 있는 물건의 이름을 묻고 답합니다. 답한 물건에 'O'표 하십시오.
이것은 공책입니까?

1. 이것은 카메라입니다.
2. 이것은 의자입니다.
3. 이것은 책상입니다.
4. 이것은 이불입니다.
5. 이것은 컴퓨터입니다.
6. 이것은 침대입니다.
7. 이것은 창문입니다.
8. 이것은 커튼입니다.
9. 이것은 책장입니다
10. 이것은 가방입니다.

01~05 1. 창문 2. 칠판 3. 컴퓨터 4. 입니다 5. 아니요

06~07

> 왕호 : 이것은 책상입니까?
> 이유 : 네, 그것은 책상입니다.
> 왕호 : 저것은 창문입니까?
> 이유 : 아니요, 저것은 창문이 아닙니다.
>   저것은 문입니다.

08~10

> 8. 이것은 (칠판)입니까?
>
> 9. 네, (그것은) (칠판)입니다.
>
> 10. (아니요), 저것은 컴퓨터가 (아닙니다).

Tip **우리의 몸**

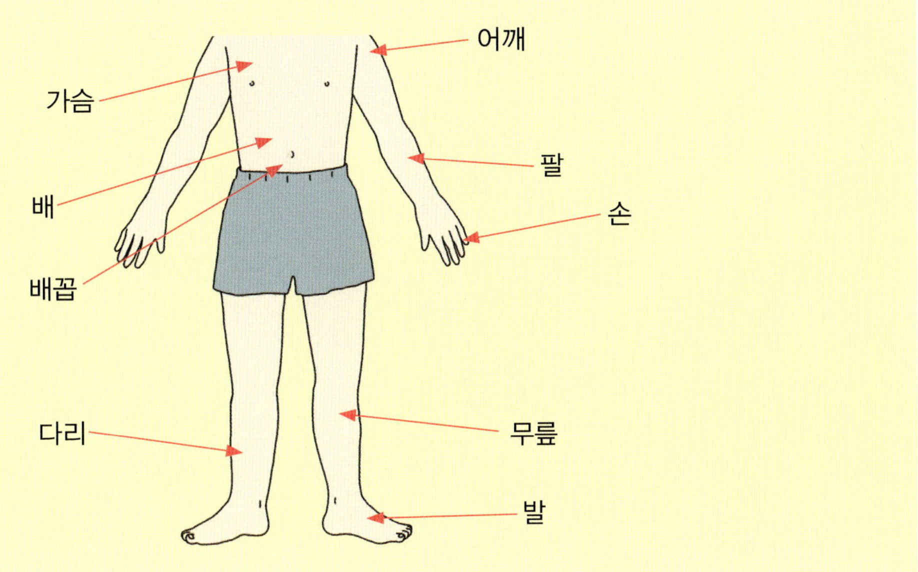

여기는 어디입니까?
여기는 체육관입니다

04

어디에 갑니까?

학습목표 | 한국어로 장소를 묻고 대답할 수 있다.

어디에 갑니까?

피터 : 안나 씨 어디에 갑니까?

안나 : 저는 **기숙사**에 갑니다.

피터 : 안나 씨 여기는 어디입니까?

안나 : 여기는 **도서관**입니다.

피터 : 무엇을 합니까?

안나 : **책을 읽습니다.**

☑ **발음**

- 어디에 [어디에]
- 갑니까 [감니까]
- 기숙사에 [기숙싸에]
- 도서관입니다 [도서과님니다]

☑ **어휘**

- 어디 where
- 도서관 library
- 기숙사 dormitory
- 가다 to go
- 여기 here
- 읽다 to read

교실			
가르치다	배우다	쓰다	읽다

기숙사			
자다	일어나다	먹다	듣다

휴게실			
보다	말하다	만나다	쉬다

문법 Grammar · 01.여기/저기/거기 here/there(the place far away from both speaker and listener)/there

▶ **연습문제**

보기

여기는 교실입니다.

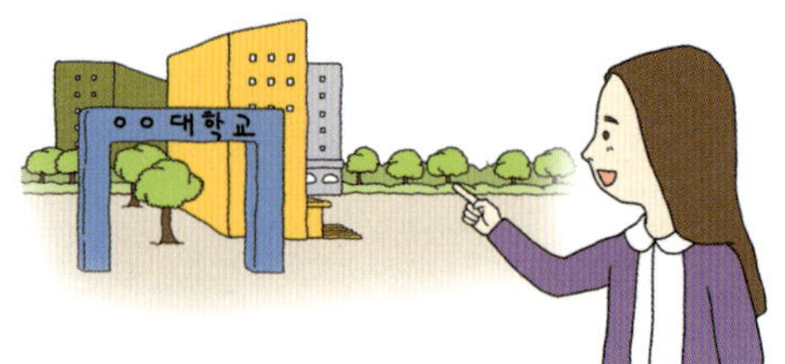

1) ___________ 대학교입니다.

2) ___________ 도서관입니다.

3) ___________ 식당입니다.

4) ___________ 기숙사입니다.

Tip

▶ 연습문제

저는 <u>도서관에</u> 갑니다.

1) 왕호 씨는 ________________갑니다.

2) 선생님은 ________________갑니다.

3) 이유는 ________________갑니다.

4) 투안은 ________________갑니다.

문법 Grammar 03. N은/는 V–ㅂ/습니다 S (subject) V(vi: intransitive verb)

받침 ○	받침 ×
습니다.	ㅂ니다.
책을 읽습니다.	도서관에 갑니다.

▶ 연습문제 1

보기

장진 씨는 <u>잡니다.</u>

피터 씨는 <u>먹습니다.</u>

1) 피터 씨는 ________________.

2) 투안 씨는 ________________.

3) 피터 씨는 ________________.

4) 투안 씨는 ________________.

보기

무엇을 합니까?

_______________.

1) 무엇을 합니까?

_______________.

2) 무엇을 합니까?

_______________.

3) 무엇을 합니까?

_______________.

4) 무엇을 합니까?

_______________.

V/A-ㅂ니까/습니까

'-습니까' is used after the verb or adjective ending in a consonant, and '-ㅂ니까' is used after the verb or adjective ending in a vowel or 'ㄹ'. This formal expression is used when asking about certain facts to the listener. Answer with '네', '아니요'.

04. 여기는 어디입니까?

▶ **연습문제**

보기

가 : 여기는 어디입니까?
나 : <u>여기는 교실입니다.</u>

1) 가 : _______________.
　 나 : _______________.

2) 가 : _______________.
　 나 : _______________.

3) 가 : _______________.
　 나 : _______________.

4) 가 : _______________.
　 나 : _______________.

5) 가 : _______________.
　 나 : _______________.

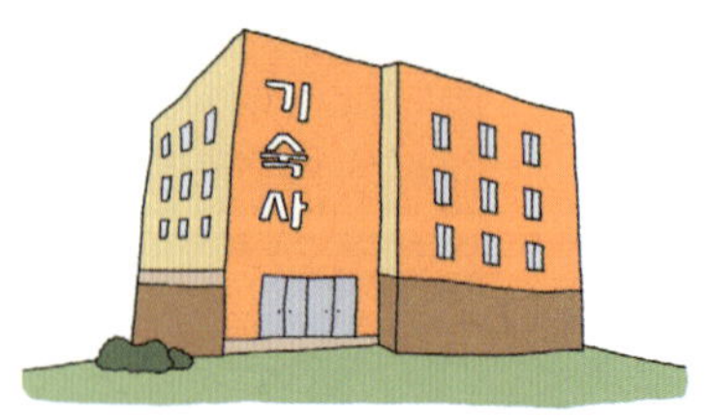

6) 가 : _______________.
　 나 : _______________.

듣기 listening

01~05 다음을 듣고 알맞은 것을 고르십시오.

01 ① 어기　② 요기　③ 여기　　**02** ① 그기　② 거기　③ 고기

03 ① 처기　② 쩌기　③ 저기　　**04** ① 캠퍼스　② 갬퍼스　③ 깸퍼스

05 ① 하쌤회관　② 하쌘회관　③ 학생회관

06~08 다음을 듣고 질문에 답하십시오.

06 여기는 어디입니까?
　① 여기는 도서관입니다.　　　　　② 여기는 한국어교육원입니다.
　③ 여기는 기숙사입니다.　　　　　④ 여기는 운동장입니다.

07 저기는 어디입니까?
　① 운동장　　　　② 기숙사　　　　③ 학생식당　　　　④ 교실

08 진진 씨는 어디에 갑니까?
　① 운동장　　　　② 기숙사　　　　③ 학생식당　　　　④ 교실

09~10 다음을 듣고 알맞은 것을 쓰십시오.

09 피터 : 여기는 (　　　　　　　　　　) 입니까?
　　안나 : (　　　　　　　　) 입니다.

10 피터 : (　　　) (　　　　　)입니까?
　　안나 : 저기는 운동장입니다.

읽기 reading

01~02 글을 읽고 고르십시오.

01 여기는 어디입니까?

① 학생회관　　　② 도서관　　　③ 기숙사　　　④ 한국어교육원

02 거기는 어디입니까?

① 학생회관　　　② 도서관　　　③ 기숙사　　　④ 한국어교육원

03~04 글을 읽고 쓰십시오.

03 안나 씨의 직업은 무엇입니까?

____

☑ **어휘**
- 학생회관
  students' hall

04 저기는 어디입니까?

____

05 안나 씨는 어디에 갑니까?

____

"여기(저기)는 어디입니까?"/"여기(저기)는 ______입니다." 연습합니다.

듣기 대본 listening scripts

01~05 1. 여기 2. 거기 3. 저기 4. 캠퍼스 5. 학생회관

06~08

피터 : 여기는 어디입니까?

진진 : 여기는 도서관입니다.

피터 : 저기는 어디입니까?

진진 : 저기는 기숙사입니다.

피터 : 진진 씨, 어디에 갑니까?

진진 : 저는 학생식당에 갑니다.

09~10

9. 피터 : 여기는 (어디)입니까?

   안나 : (한국어교육원)입니다.

10. 피터 : (저기는) (어디)입니까?

   안나 : 저기는 운동장입니다.

기숙사

도서관

식당

운동장

정문

교실

화장실

휴게실

확인 학습 check

01~02 알맞은 말을 고르십시오.

01

이것은 책상입니까?

① 네, 책상입니다.　② 네, 컴퓨터입니다.　③ 아니요, 책상입니다.　④ 아니요, 컴퓨터입니다.

02

이것은 연필입니까?

① 네, 연필입니다.　② 네, 볼펜입니다.　③ 아니요, 지우개입니다.　④ 아니요, 붓입니다.

03~04 여기는 어디입니까?

03

① 여기는 교실입니다.
② 여기는 화장실입니다.
③ 여기는 식당입니다.
④ 여기는 도서관입니다.

04

① 여기는 교실입니다.
② 여기는 화장실입니다.
③ 여기는 휴게실입니다.
④ 여기는 도서관입니다.

05~06 알맞은 말을 고르십시오.

05

| 책상 | 의자 | 칠판 | 책 |

① 화장실　② 사무실　③ 교실　④ 도서관

06

| 비누 | 치약 | 칫솔 | 화장지 |

① 화장실   ② 사무실   ③ 교실   ④ 도서관

 빈칸에 알맞은 답을 고르십시오.

07

가 : 이것은 책입니까?
나 : (   ), 그것은 책입니다.

① 네   ② 아니요   ③ 무엇   ④ 이것은

08

가 : 이것은 시계입니까?
나 : 아니요, 그것은 시계(   ) 아닙니다.

① 이   ② 은   ③ 를   ④ 가

 알맞은 말을 쓰십시오.

09

가 : 저기는 어디 입니까?

나 : ____________________________.

10

가 : 여기는 어디 입니까?

나 : ____________________________.

무엇이 있습니까?

05

무엇이 있습니까?

05

무엇이 있습니까?

왕호 : 제 방이에요.

투안 : 무엇이 있습니까?

왕호 : **책상**하고 **침대**가 있습니다.

투안 : 이것은 누구의 **카메라예요**?

왕호 : 그것은 제 **카메라예요**.

☑ **발음**

- 있습니까 [이씀니까]
- 있습니다 [이씀니다]
- 누구의 [누구의], [누구에]

☑ **어휘**

- 제 My
- 있다 to exist/be, to have
- 침대 bed
- 누구 who
- 방 room
- 카메라 camera

소지품 **무엇이 있습니까?**

 지갑	 카메라	 노트북	 전자사전
 여권	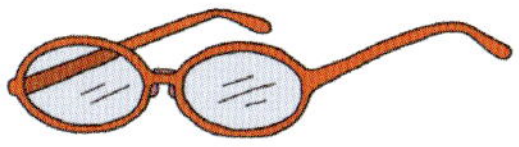 안경	 우산	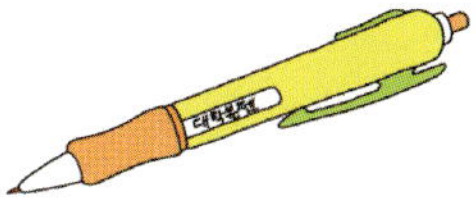 볼펜
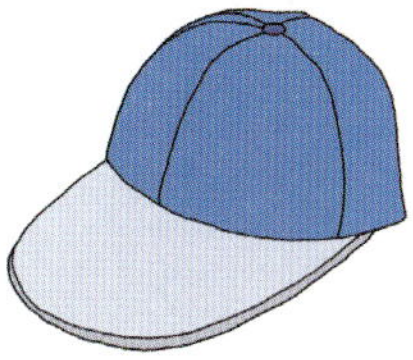 모자	 장갑	 메모지	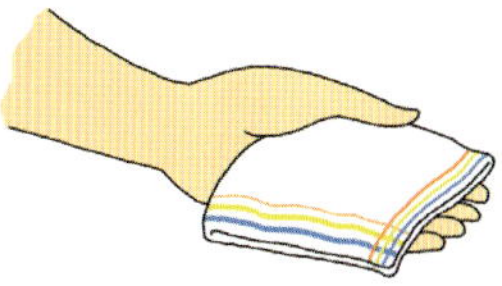 손수건

문법 Grammar　01. N의 N　N's N

▶연습문제 1

보기

저의(제) 한국어 책

1) ______________________________

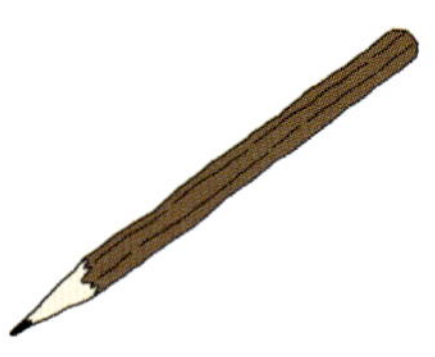

2) ______________________________

3) ______________________________

4) ______________________________

N의
'-의' is used after the noun to indicate possession about things.

 보기

1) 선생님 : 누구의 핸드폰입니까?

  학 생 : ___________________.

2) 선생님 : 누구의 연필입니까?

  학 생 : ___________________.

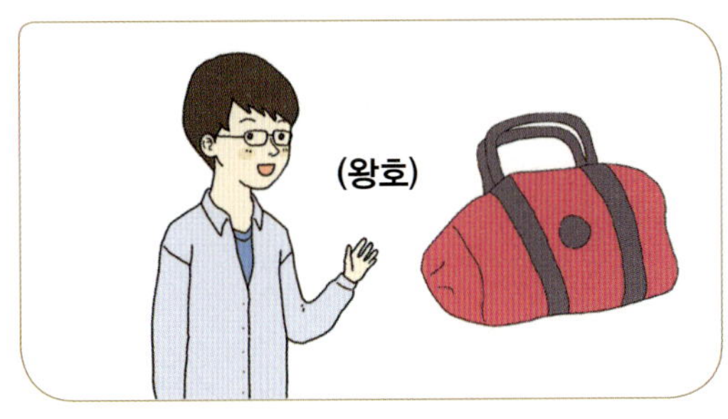

3) 선생님 : 누구의 카메라입니까?

  학 생 : ___________________.

4) 선생님 : 누구의 가방입니까?

  학 생 : ___________________.

02. N이에요/예요 It is N (informal verb ending)

N 받침 ○	N 받침 ×
C + 이에요	V + 예요
화장실입니다　화장실이에요	학교입니다　학교예요

▶**연습문제**

보기

교실이에요.

1) 휴게실 ________________ .

2) 도서관 ________________ .

3) 식당 ________________ .

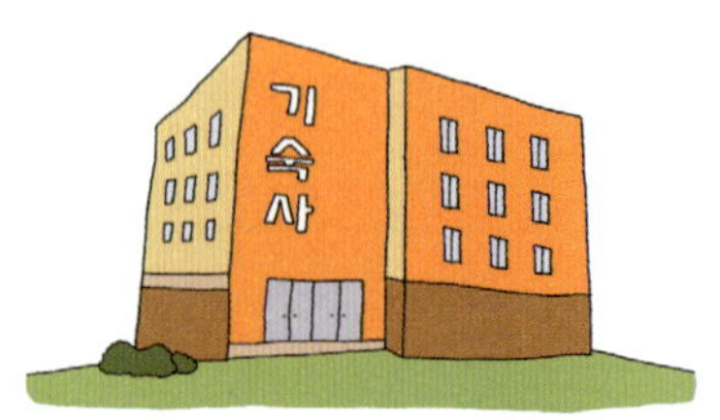

4) 기숙사 ________________ .

▶연습문제

전자사전이 있습니다. (○)

1) _________________________ (○)

2) _________________________ (○)

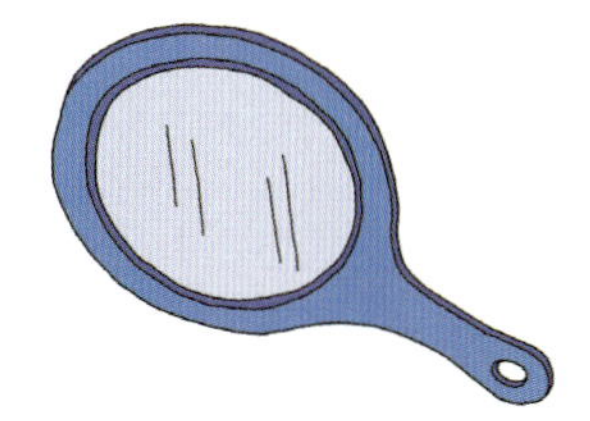

3) _________________________ (×)

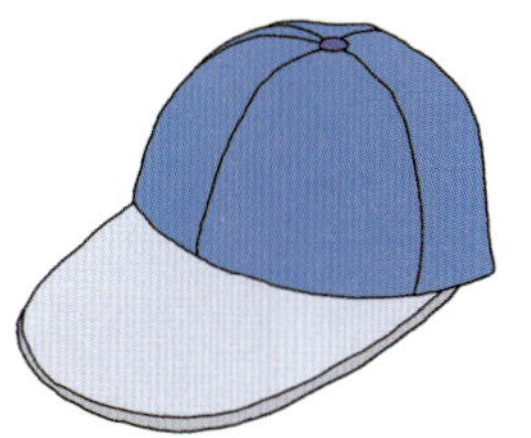

4) _________________________ (×)

N이/가
'–이/가' is added to the end of the subject of a sentence to express the subject of an action.

04. N하고 N N and N

▶ 연습문제

가 : 누가 있습니까?
나 : <u>이유 씨하고 왕호 씨가 있습니다.</u>

1) 가 : 누가 있습니까?

　　나 : _______________________.

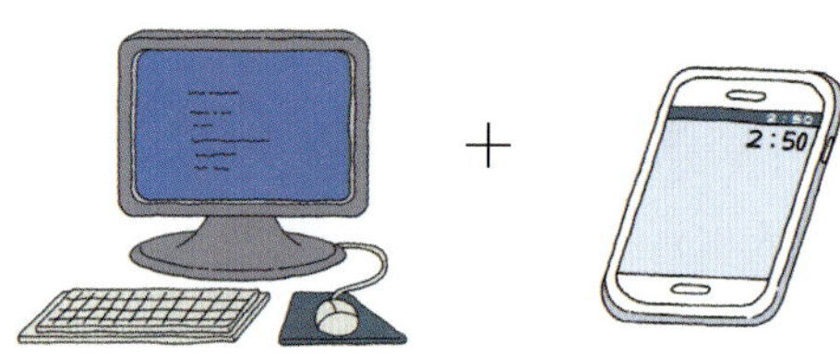

2) 가 : 무엇이 있습니까?

　　나 : _______________________.

3) 가 : 무엇이 있습니까?

　　나 : _______________________.

4) 가 : 무엇이 있습니까?

　　나 : _______________________.

01~05 다음을 듣고 알맞은 것을 고르십시오.

01 ① 친구　　② 진구　　③ 친고　　　　**02** ① 익습니다　② 이씀미다　③ 있습니다

03 ① 치갑　　② 지갑　　③ 치캅　　　　**04** ① 가메라　　② 하메라　　③ 카메라

05 ① 안겅　　② 안컹　　③ 안경

06~08 다음을 듣고 질문에 답하십시오.

06 여기는 누구의 방이에요?

① 여기는 제 친구의 방이에요.　　　　② 여기는 아버지의 방이에요.

③ 여기는 선생님의 방이에요.　　　　④ 여기는 어머니의 방이에요.

07 장진 씨의 것을 고르십시오.

① 　　② 　　③ 　　④ 

08 방에 무엇이 있습니까?

____

09~10 다음을 듣고 알맞은 것을 쓰십시오.

09 투안 : 방에 (　　　　　　) 있습니까?

왕호 : (　　　　　) (　　　　　) 있습니다.

10 투안 : 이 우산은 (　　　　　) 우산이에요?

왕호 : 그것은 (　　　　　) 우산이에요.

☑ **어휘**
- 친구 friend
- 아버지 father
- 어머니 mother

읽기 reading

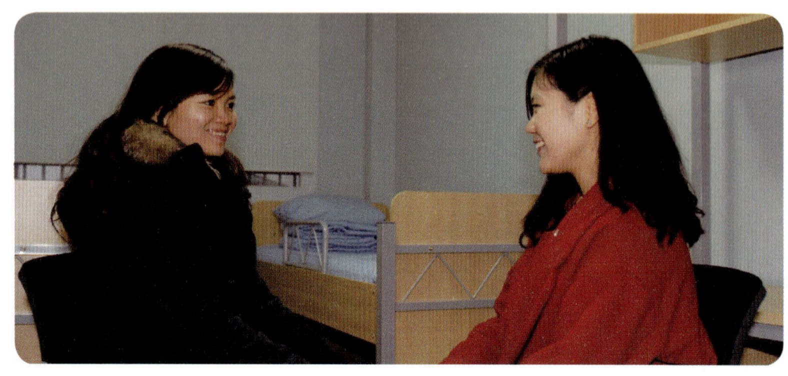

방소개

　여기는 제(프엉) 방입니다. 저는 친구하고 있습니다. 친구 이름은 미나입니다. 한국 학생입니다.

　제 침대하고 책상이 있습니다. 친구의 침대하고 책상도 있습니다. 제 책상에는 노트북하고 메모지가 있습니다. 화장실에는 제 수건하고 비누, 치약이 있습니다.

01~04 글을 읽고 물음에 답하십시오.

01 여기는 누구의 방입니까?

____

02 방에는 무엇이 있습니까?

____

03 친구는 어느 나라 사람입니까?

____

04 프엉의 책상에 무엇이 있습니까?

____

05 알맞은 것을 고르십시오.

05 위 글과 다른 것을 고르십시오.

① 제 방에 침대가 있습니다.　　　　② 친구의 책상이 없습니다.

③ 책상에는 메모지가 있습니다.　　　④ 화장실에는 수건이 없습니다.

☑ **어휘**
・이름 name

교사가 학생들의 소지품을 하나씩 비치백 안에 넣습니다.
무엇이 있는지 누구의 물건인지 학생들이 맞춥니다.

<table>
<tr><td>예 가 : 무엇이 있습니까?</td><td>예 가 : 누구의 핸드폰입니까?</td></tr>
<tr><td>나 : 핸드폰이 있습니다.</td><td>나 : ○○ 씨의 핸드폰입니다.</td></tr>
</table>

듣기 대본 listening scripts

01~05   1. 친구   2. 있습니다   3. 지갑   4. 카메라   5. 안경

06~08

> 왕호 : 여기는 제 친구의 방이에요.
>
> 투안 : 방에 무엇이 있습니까?
>
> 왕호 : 카메라하고 컴퓨터가 있습니다.
>
> 투안 : 이 지갑은 누구의 지갑이에요?
>
> 왕호 : 그것은 장진의 지갑이에요.
>
> 투안 : 이 가방은 누구의 가방이에요?
>
> 왕호 : 그것은 제 가방이에요.

09~10

> 9. 투안 : 방에 (무엇이) 있습니까?
>
>   왕호 : (안경하고) (모자가) 있습니다.
>
> 10. 투안 : 이 우산은 (누구의) 우산이에요?
>
>   왕호 : 그것은 (제) 우산이에요.

Tip 가족 : 누구예요?

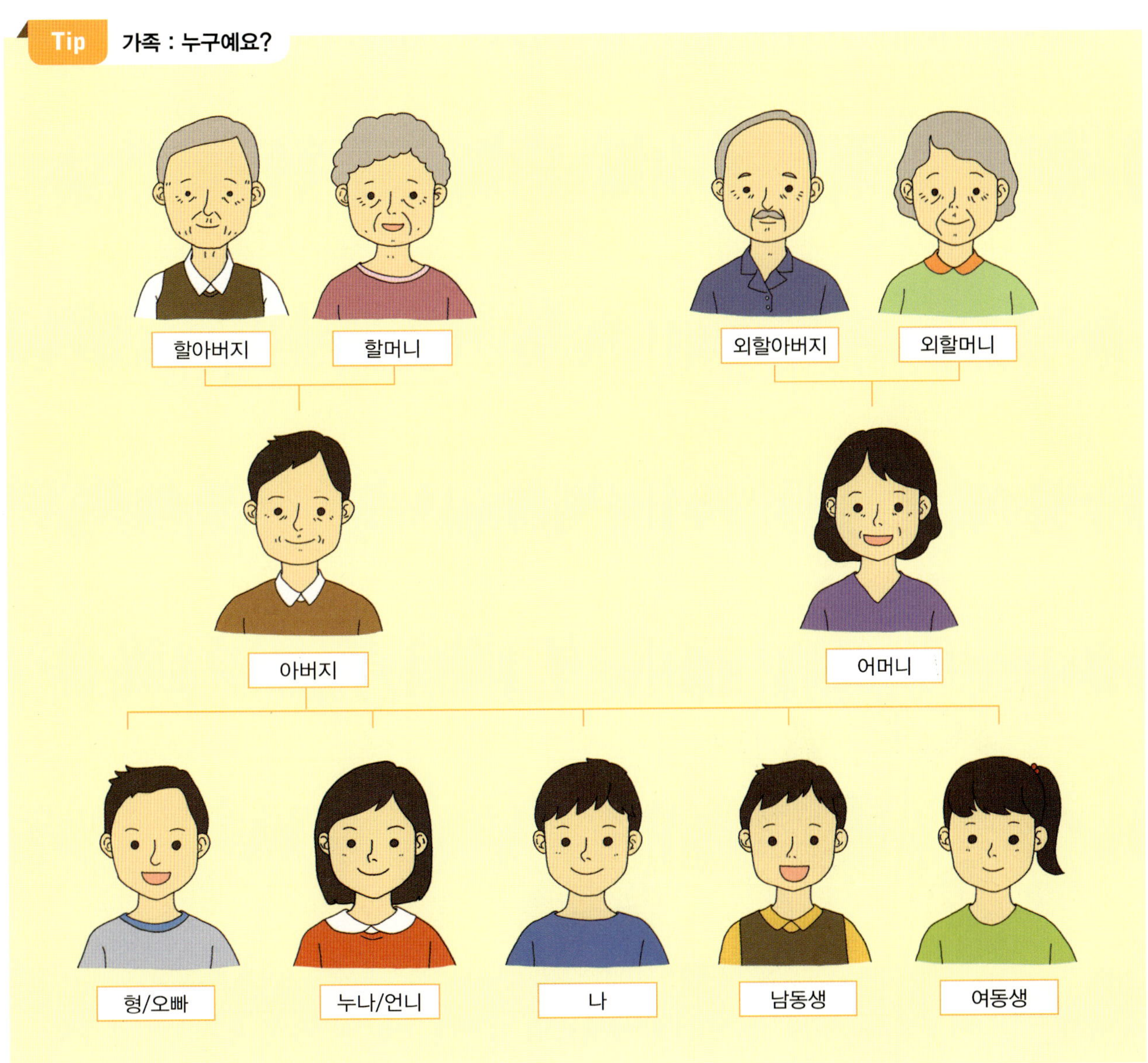

위에
뒤에
옆에
앞에

06

컴퓨터가 어디에 있습니까?

컴퓨터가 어디에 있습니까?

왕호 : **컴퓨터가** 어디에 있습니까?

장진 : **컴퓨터가 기숙사에** 있습니다.

왕호 : **컴퓨터가** 어디에 있습니까?

장진 : **컴퓨터가 책상 위에** 있습니다.

왕호 : **가방이** 어디에 있습니까?

장진 : **가방이 책상 아래에** 있습니다.

☑ **어휘**
- 위 on, over, above
- 아래 under, beneath

Tip　집안 구조

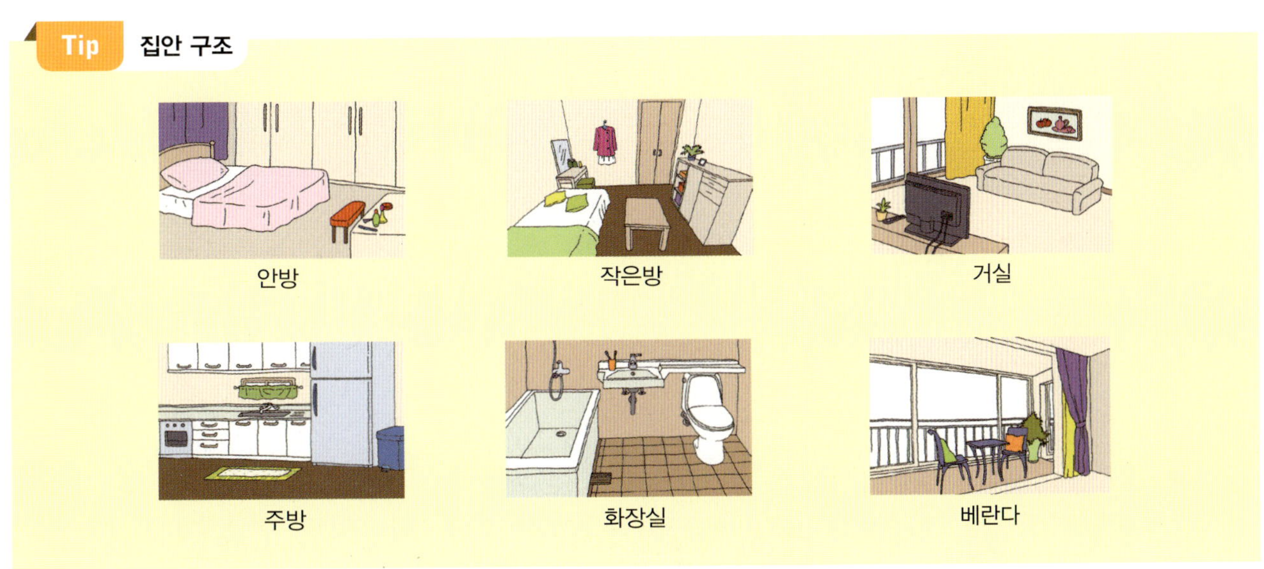

문법 Grammar | **01. N(위치)에** on/under/front/back **+ 에** (place marker)

▶**연습문제 – 위, 아래, 앞, 뒤, 옆**

1)　　　　▶ ＿＿＿＿＿

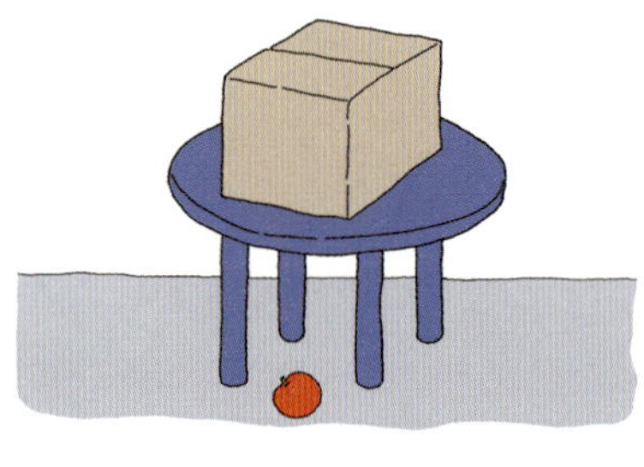

2)　　　　▶ ＿＿＿＿＿

3)　　　　▶ ＿＿＿＿＿

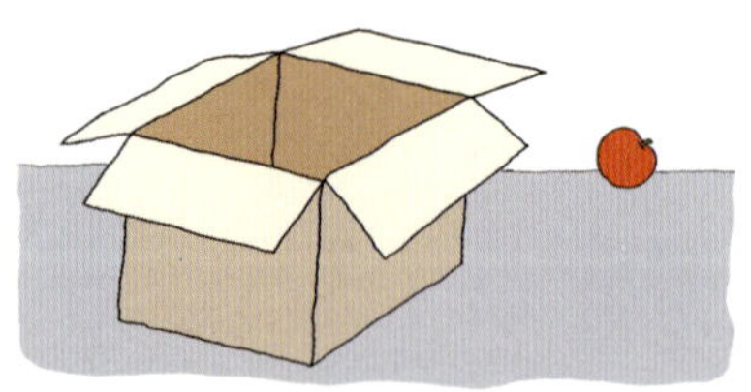

4)　　　　▶ ＿＿＿＿＿

N에

'–에' as a particle is used after the noun to express the place where a person or a thing exists or appears.

▶연습문제 1

보기

식당에 있습니다.

1) _______________.

2) _______________.

3) _______________.

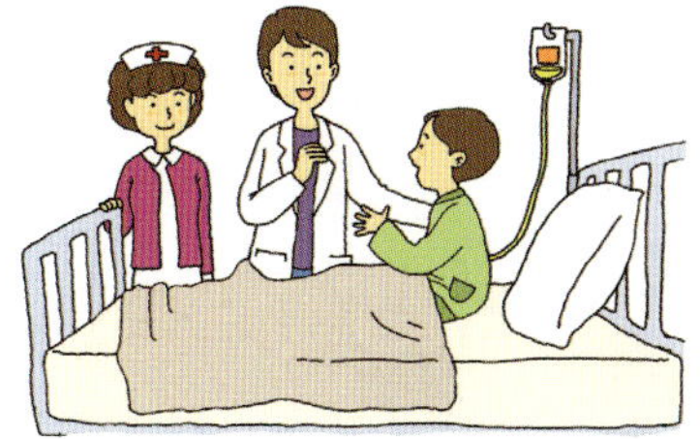

4) _______________.

5) _______________.

6) _______________.

▶연습문제 2

보기

가 : 투안은 어디에 있습니까?
나 : 투안은 운동장에 있습니다.

1) 가 : 안나는 ___________________ ?
　 나 : _______________________ .

2) 가 : 투안은 ___________________ ?
　 나 : _______________________ .

3) 가 : 진진은 ___________________ ?
　 나 : _______________________ .

4) 가 : 왕호는 ___________________ ?
　 나 : _______________________ .

보기

가 : 공이 어디에 있습니까?
나 : <u>책상 아래에 있습니다.</u>

1) 가 : 가방이 어디에 있습니까?

　　나 : ____________________________.

2) 가 : 우산은 어디에 있습니까?

　　나 : ____________________________.

3) 가 : ______________ 어디에 있습니까?

　　나 : ____________________________.

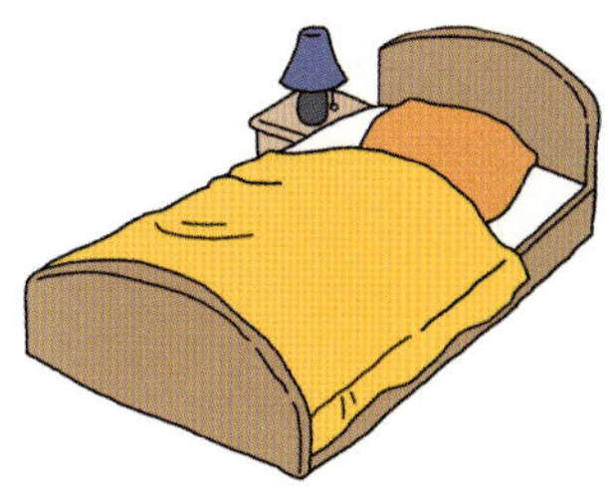

3) 가 : ______________ 어디에 있습니까?

　　나 : ____________________________.

듣기 listening

 다음을 듣고 알맞은 것을 고르십시오.

01 ① 위에 ② 우에 ③ 오에

02 ① 카족사진 ② 가족사징 ③ 가족사진

03 ① 평지 ② 편지 ③ 푼지

04 ① 시계 ② 시게 ③ 치계

05 ① 치우개 ② 지우개 ③ 지오개

 다음을 듣고 질문에 답하십시오.

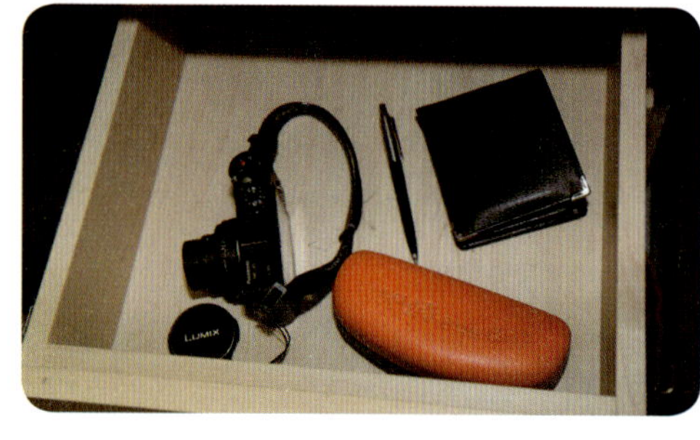 

06 책상 위에 무엇이 있습니까?

① 침대가 있습니다.
② 지갑이 있습니다.
③ 가족사진이 있습니다.
④ 공책이 있습니다.

07 볼펜하고 지갑은 어디에 있습니까?

____

08 진진 씨의 방 친구는 어디에 있습니까?

____

 다음을 듣고 알맞은 것을 쓰십시오.

09 프엉 : 책상 (   ) 무엇이 있습니까?
　　　　진진 : (   ) 하고 노트북이 있습니다.

10 프엉 : 장진 씨는 (   ) 있습니까?
　　　　진진 : 장진 씨는 (   ) 있습니다.

☑ **어휘**
• 서랍 drawer

나의 방

　여기는 제 방입니다. 저는 친구하고 있습니다. 친구 이름은 프엉입니다. 베트남 학생입니다. 프엉은 여기에 없습니다. 프엉은 도서관에 있습니다. 공부를 합니다.

　방에 제 침대하고 책상이 있습니다. 옷장도 있습니다. 제 책상 위에는 가족사진이 있습니다. 서랍 안에는 친구의 편지가 있습니다. 저는 친구의 편지를 읽습니다.

01~04　맞으면 ○ 틀리면 × 하십시오.

01　제 방에는 텔레비전이 있습니다. (　　　)

02　책상 위에 가족사진이 있습니다. (　　　)

03　옷장 안에 친구의 편지가 있습니다. (　　　)

04　서랍 안에는 지갑이 있습니다. (　　　)

> ☑ **어휘**
> • 가족사진　family picture
> • 편지　letter

05　알맞은 것을 고르십시오.

05 위 글과 다른 것을 고르십시오.

① 여기는 제 방입니다.
② 프엉은 공부를 합니다.
③ 방에는 제 책상이 있습니다.
④ 프엉은 제 친구의 편지를 읽습니다.

06　알맞은 것을 쓰십시오.

06 프엉은 어디에 있습니까?

____

활동 activity 방 사물 말하기 게임

사물들의 위치를 말합니다.
___________ 은/는 어디에 있습니까?

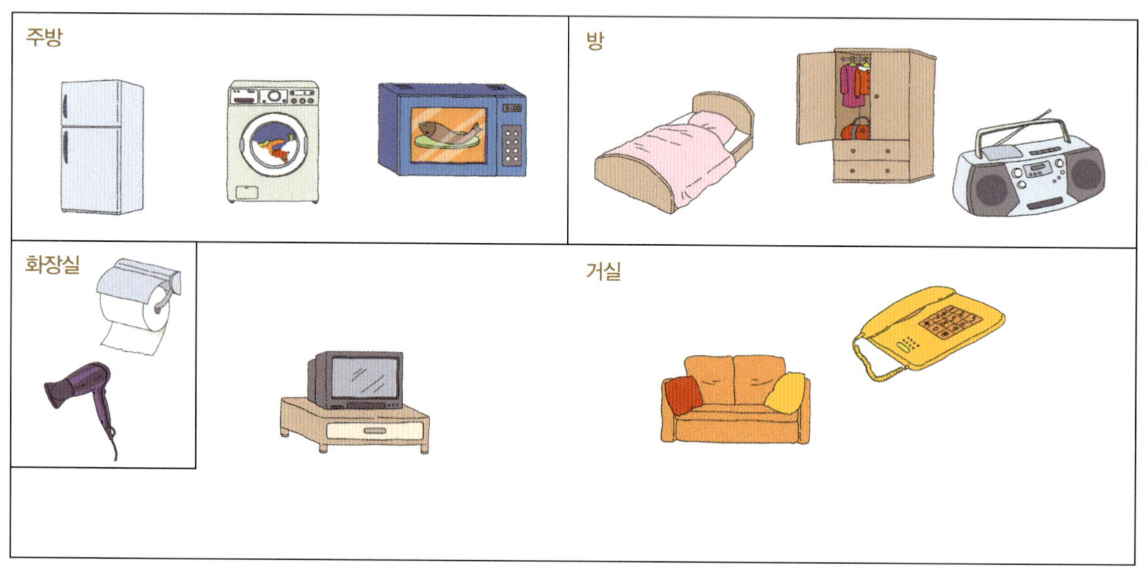

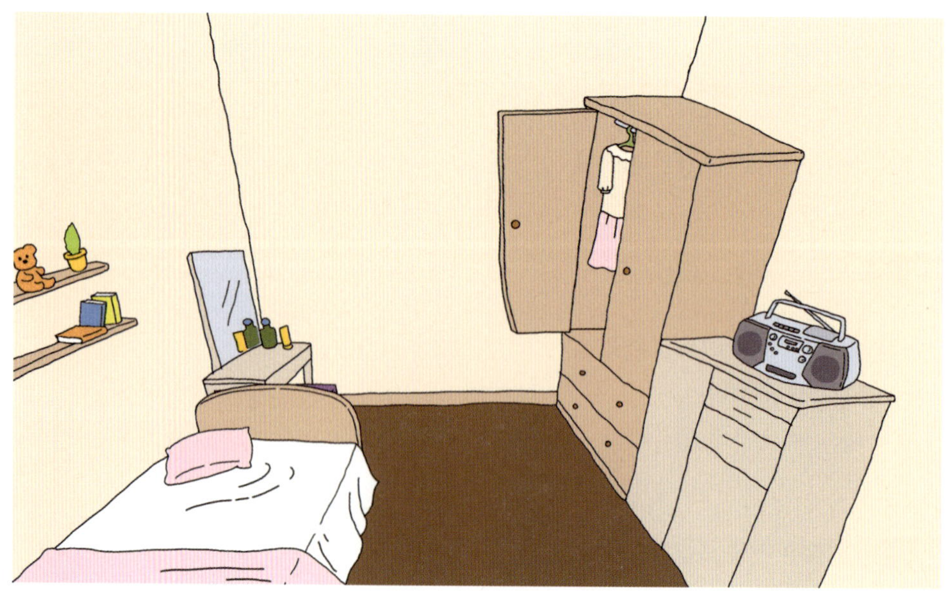

01~05 1. 위에   2. 가족사진   3. 편지   4. 시계   5. 지우개

06~08

프엉 : 책상은 어디에 있습니까?

진진 : 책상은 침대 옆에 있습니다.

프엉 : 책상 위에 무엇이 있습니까?

진진 : 책상 위에 책하고 공책하고 시계가 있습니다.

프엉 : 서랍 안에 무엇이 있습니까?

진진 : 서랍 안에 볼펜하고 지갑이 있습니다.

프엉 : 진진 씨, 방 친구는 어디에 있습니까?

진진 : 방 친구는 도서관에 있습니다.

09~10

9. 프엉 : 책상 (위에) 무엇이 있습니까?

　 진진 : (사전하고) 노트북이 있습니다.

10. 프엉 : 장진 씨는 (어디에) 있습니까?

　 진진 : 장진 씨는 (화장실에) 있습니다.

Tip 위치

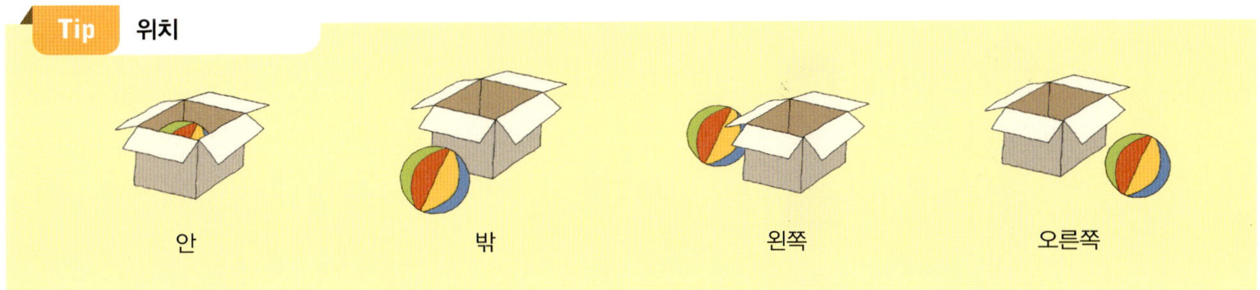

확인 학습 check

 알맞은 말을 고르십시오.

01

> 컴퓨터가 책상 위에 (　　　　　　).

① 입니다　　　　② 있습니다　　　　③ 갑니다　　　　④ 찾습니다

02

> 저(　　) 왕영 씨는 도서관에 갑니다.

① 가　　　　② 는　　　　③ 하고　　　　④ 도

 공은 어디에 있습니까?

03

① 공은 의자 위에 있습니다.
② 공은 의자 아래에 있습니다.
③ 공은 책상 위에 있습니다.
④ 공은 책상 아래에 있습니다.

04

① 공은 상자 위에 있습니다.
② 공은 상자 아래에 있습니다.
③ 공은 상자 안에 있습니다.
④ 공은 상자 밖에 있습니다.

 그림을 보고 문장을 만드십시오.

05

\+

____

06

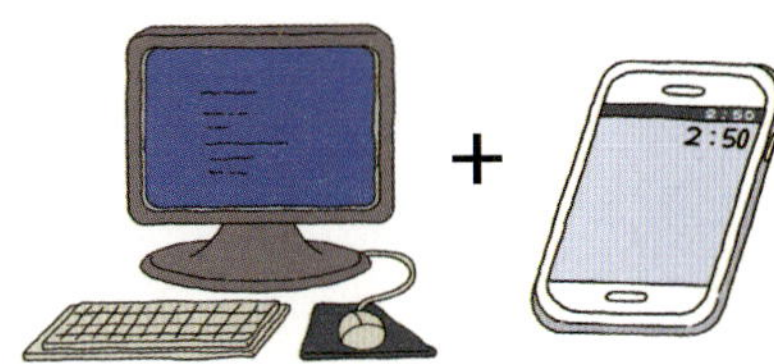

____

07

책은 / 제 / 있습니다 / 가방 / 안에

➜ ____

08

이것은 / 모자와 / 누구의 / 안경이에요?

➜ ____

09

누구의 / 가방이에요? / 그것은

➜ ____

10

이것은 / 책이에요 / 제

➜ ____

무엇을 합니까?
도서관에 갑니다

07

무엇을 합니까?

07 무엇을 합니까?

진진 : 왕호 씨, 어디에 갑니까?

왕호 : 저는 식당에 갑니다.

　　　진진 씨는 어디에 갑니까?

진진 : 저는 **도서관**에 갑니다.

왕호 : 진진 씨는 **도서관에서** 무엇을 합니까?

진진 : 저는 **도서관에서** 책을 읽습니다.

☑ **발음**

- 갑니까 [감니까]
- 도서관에 [도서과네]
- 책을 [채글]
- 읽습니다 [익씀니다]

편의점 / 물건을 사다	은행 / 돈을 찾다	영화관 / 영화를 보다
우체국 / 편지를 보내다	백화점 / 쇼핑을 하다	서점 / 책을 사다
강의실 / 수업하다	체육관 / 운동하다	수영장 / 수영하다

01. N은/는 N을/를 V(vt)ㅂ니다/습니다 S (subject) O (object) V(vt: transitive verb)

받침 ○	받침 ×
C + 을	V + 를
밥을 먹습니다.	공부를 합니다.

▶연습문제 1

보기

투안 씨는 잠을 잡니다.

1) 왕호 씨는 밥 _________________.

2) 왕호 씨는 노래 _________________.

3) 투안 씨는 춤 _________________.

4) 왕호 씨는 공부 _________________.

N을/를

When a noun is the object of a sentence, '–을/를' as the objective particle is attached to the end of the noun.

보기

피터 / 음악 / 듣다
피터 씨는 음악을 듣습니다.

1)

왕호 / 텔레비전 / 보다

_______________________________.

2)

안나 / 한국어 / 배우다

_______________________________.

3)

장진, 투안 / 쇼핑 / 하다

_______________________________.

02. N에서 N을/를 V–ㅂ/습니다. at(in) N O (object) V

▶연습문제 1 : N을/를 V–ㅂ/습니다

보기

물 / 마시다
→ <u>물을 마십니다.</u>

1) 책 / 읽다

→ ___________________.

2) 돈 / 찾다

→ ___________________.

3) 영화 / 보다

→ ___________________.

4) 친구 / 만나다

→ ___________________.

5) 한국어 / 배우다

→ ___________________.

6) 밥 / 먹다

→ ___________________.

N에서

'–에서' is used after the noun to indicate the place where some action or movement occurs.

▶연습문제 2 : N은/는 N에서 N을/를 V-ㅂ/습니다

N은/는 N에서 N을/를 V-ㅂ/습니다
➜ 투안 씨는 서점에서 책을 삽니다.

1) 학교 / 한국어 / 배우다

   ➜ 안나 씨는________________.

2) 식당 / 밥 / 먹다

   ➜ 이유 씨는 ________________.

3) 기숙사 / 일기 / 쓰다

   ➜ 진진 씨는________________.

4) 편의점 / 우유 / 사다

   ➜ 피터 씨는________________.

03. N와/과 N N and N

받침 ○	받침 ×
책 + 책상 → 책과 책상	저 + 친구 → 저와 친구

▶연습문제 1

보기

책상과 의자예요.

저와 친구예요.

1) 선생님___ 학생이에요.

2) 모자___ 안경이에요.

3) 거울___ 지갑이에요.

4) 비누___ 수건이에요.

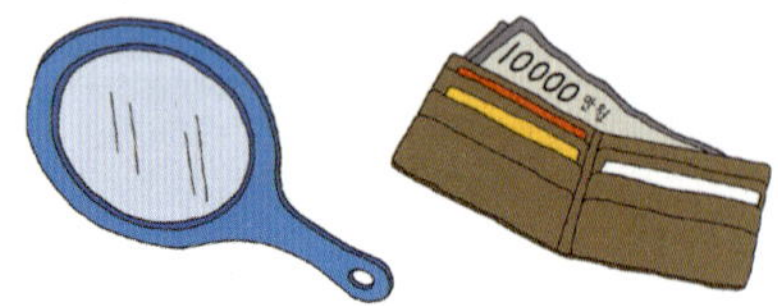

N와/과

'-과' is used after the noun ending in a consonant, and '-와' is used after the noun ending in a vowel. These particles are used when connecting two nouns equally or indicating the person who a subject performs some action with. '-와/과' are used in writing and speaking, while '하고' and '이랑' are used mainly in speaking.

보기 

저 / 친구 은행 / 돈 / 찾다
저와 친구는 은행에서 돈을 찾아요.

1)  

선생님/ 학생/ 교실 / 한국어 /공부하다

______________________________.

2)  

백화점/저/ 삼푸/비누/사다.

______________________________.

3)  

마트 / 저 /컴퓨터/휴대전화 / 사다

______________________________.

4) 

무엇을 합니까?

______________________________.

5) 

무엇을 합니까?

______________________________.

듣기 listening

01~05 다음을 듣고 알맞은 것을 고르십시오.

01 ① 캅니까 ② 갑니까 ③ 깝니까

02 ① 칙땅 ② 식탕 ③ 식당

03 ① 밥을 ② 밥얼 ③ 파블

04 ① 기숙사 ② 기속사 ③ 기석사

05 ① 찹니다 ② 짭니다 ③ 잡니다

06~08 다음을 듣고 질문에 답하십시오.

06 왕호 씨는 무엇을 합니까?

① 왕호 씨는 식당입니다.

② 왕호 씨는 식당에 있습니다.

③ 왕호 씨는 밥을 먹습니다.

④ 왕호 씨는 식당에 갑니다.

07 이유 씨는 어디에 갑니까?

① 이유 씨는 식당에 갑니다.

② 이유 씨는 기숙사에 갑니다.

③ 이유 씨는 공부를 합니다.

④ 이유 씨는 잡니다.

08 이유 씨는 무엇을 합니까?

①  ②  ③  ④ 

09~10 다음을 듣고 알맞은 것을 쓰십시오.

09 피터 : 안나 씨는 어디에 갑니까?　　　안나 : 저는 (　　　　　) 갑니다. 저는 (　　　　　) 먹습니다.

10 피터 : 이유 씨는 어디에 갑니까?　　　이유 : (　　　　) (　　　　　) 갑니다.

생활

저는 은행에 갑니다. 제 친구 장진 씨하고 이유 씨도 은행에 갑니다. 저는 은행에서 돈을 찾습니다. 그리고 장진 씨도 돈을 찾습니다.
장진 씨와 이유 씨는 은행동에 갑니다. 그러나 저는 안 갑니다. 장진 씨와 이유 씨는 영화관에서 영화를 봅니다. 그리고 백화점에 갑니다.
백화점에서 바지와 셔츠를 삽니다.

01~05 위 글을 읽고 알맞은 것을 쓰십시오.

01 저와 장진, 이유 씨는 어디에 갑니까?

____.

02 누가 돈을 찾습니까?

____.

03 누가 은행동에 갑니까?

____.

04 장진 씨와 이유 씨는 은행동에서 무엇을 합니까?

____.

05 장진 씨와 이유 씨는 백화점에서 무엇을 삽니까?

____.

> ☑**어휘**
> • 생활 life, living
> • 안 not

06 알맞은 것을 고르십시오.

06 위 글과 다른 것을 고르십시오.

① 이유 씨는 돈을 안 찾습니다.　　　　② 이유 씨는 은행에 안 갑니다.
③ 저는 은행동에 안 갑니다.　　　　　④ 장진 씨와 이유 씨는 백화점에서 쇼핑합니다.

활동 activity · 어디에 갑니까? 무엇을 합니까? 게임

장소 그림을 봅니다. 한 사람이 무엇을 합니까? 하고 질문합니다.
다른 한 사람은 대답합니다.

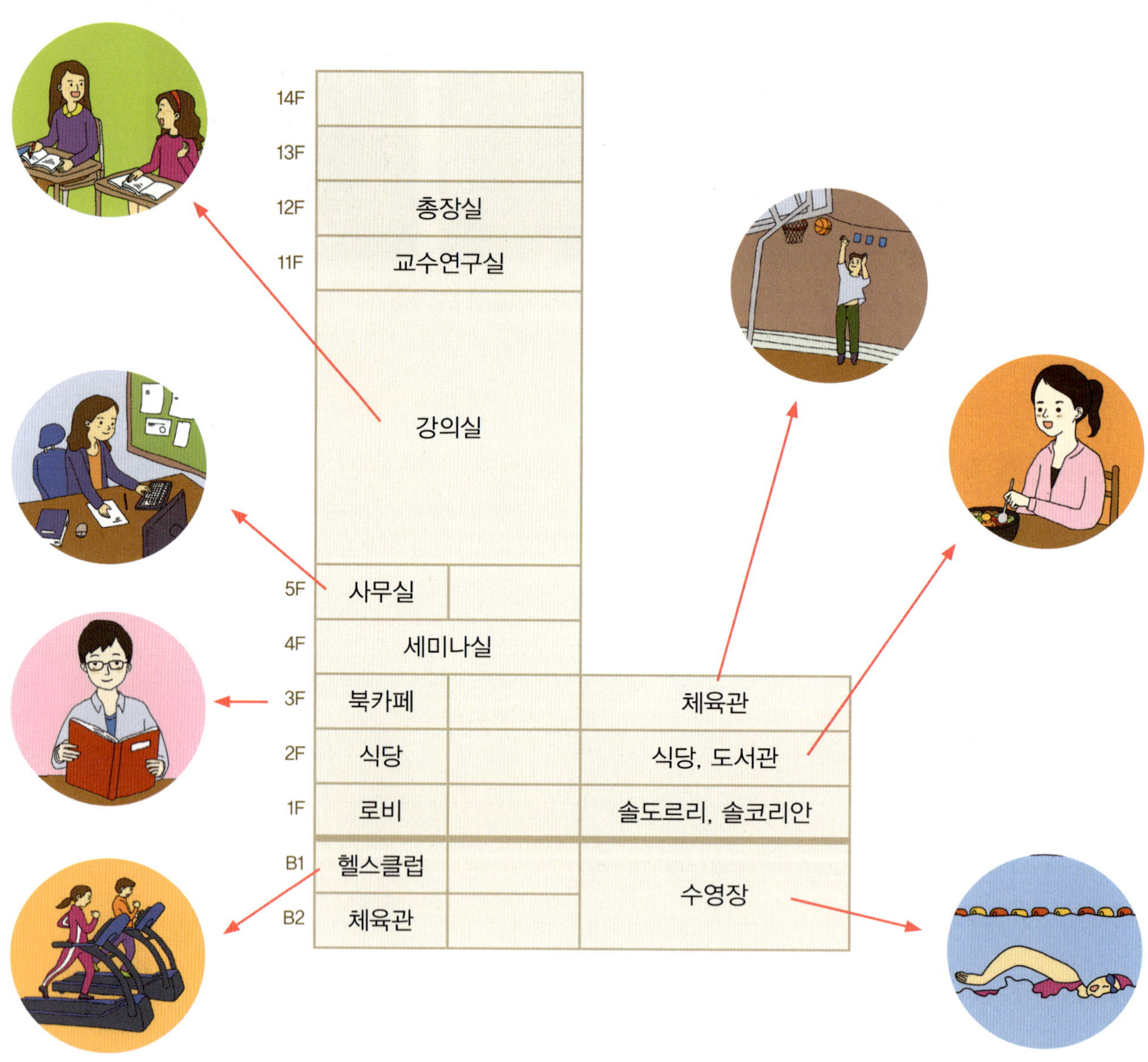

예 가 : 장진 씨와 이유 씨는 무엇을 합니까?

나 : 장진 씨와 이유 씨는 공부를 합니다.

01~05　1. 갑니까　2. 식당　3. 밥을　4. 기숙사　5. 잡니다

06~08

> 프엉 : 왕호 씨, 어디에 갑니까?
>
> 왕호 : 저는 식당에 갑니다.
>
> 　　　프엉 씨는 어디에 갑니까?
>
> 프엉 : 저도 식당에 갑니다. 저는 밥을 먹습니다.
>
> 왕호 : 이유 씨는 어디에 갑니까?
>
> 이유 : 저는 기숙사에 갑니다. 저는 잠을 잡니다.

09~10

> 9. 피터 : 안나 씨는 어디에 갑니까?
>
> 　안나 : 저는 (식당에) 갑니다. 저는 (밥을) 먹습니다.
>
> 10. 피터 : 이유 씨는 어디에 갑니까?
>
> 　이유 : (저는) (기숙사에) 갑니다.

백화점에 갑니까?

08

백화점에 갑니까?

백화점에 갑니까?

장진 : 이유 씨, 백화점에 갑니까?

이유 : 아니요, 저는 백화점에 가지 않습니다.

　　　시장에 갑니다. 장진 씨는 어디에 갑니까?

장진 : 저도 진진 씨와 시장에 갑니다. 시장에서 채소를 삽니다.

　　　백화점은 **비쌉니다.** 하지만 시장은 **쌉니다.**

☑ **발음**

- 백화점에 [배콰저메]
- 않습니다 [안씀니다]
- 삽니다 [삼니다]
- 비쌉니다 [비쌈니다]

☑ **어휘**

- 시장 market
- 사다 to buy
- 비싸다 to be expensive
- 싸다 to be cheap
- 채소 vegetables
- 하지만 however

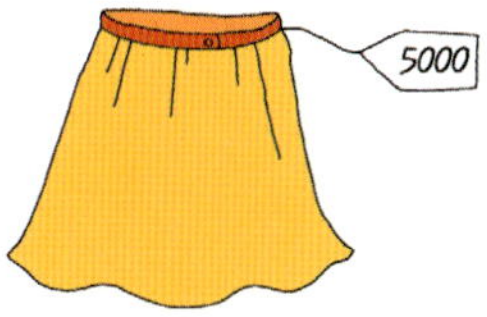

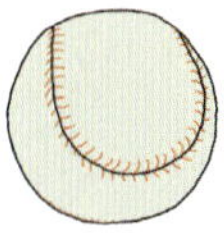

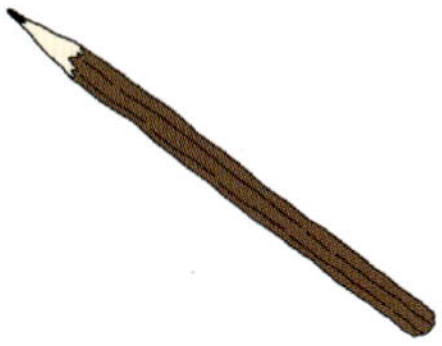

싸다	비싸다	적다	많다
작다	크다	짧다	길다
낮다	높다	덥다	춥다

| 문법 Grammar | **01. V/A–지 않습니다** V/A not (negative ending) |

▶연습문제 1

보기

가다 (×)
→ <u>가지 않습니다</u>

1) 먹다 ×

→ ____________________ .

2) 자다 ×

→ ____________________ .

3) 비싸다 ×

→ ____________________ .

4) 싸다 ×

→ ____________________ .

5) 많다 ×

→ ____________________ .

6) 적다 ×

→ ____________________ .

▶연습문제 2 : -에 가지 않습니다.

식당에 <u>가지 않습니다</u>.

(X)

(X)

1) 운동장에 ___________________________.

(X)

2) 극장에 ___________________________.

(X)

3) 약국에 ___________________________.

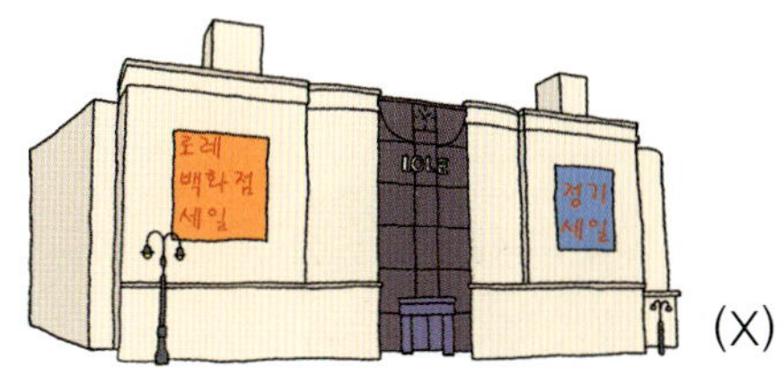

(X)

4) 백화점에 ___________________________.

▶ 연습문제 3 : N에 갑니까? 아니요. N에 가지 않습니다.

가 : 교실에 갑니까?
나 : 아니요, 교실에 가지 않습니다.

1) 가 : 시장에 갑니까?

　　나 : ____________________________ .

2) 가 : 휴게실에 갑니까?

　　나 : ____________________________ .

3) 가 : 식당에 갑니까?

　　나 : ____________________________ .

4) 가 : 은행에 갑니까?

　　나 : ____________________________ .

▶연습문제 1 : N은/는 V-ㅂ/습니다

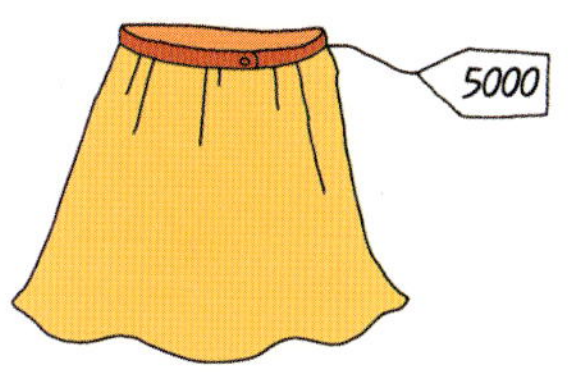

백화점은 비쌉니다.
하지만 시장은 쌉니다.

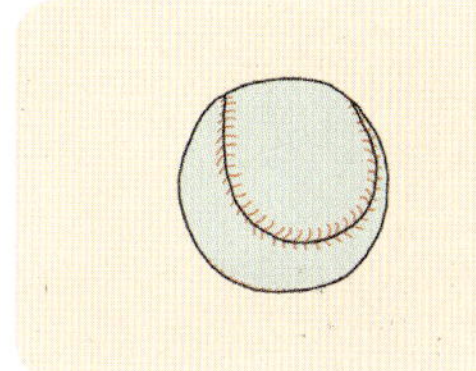

1) 사과는 ___________________________.
__________ 딸기는 _______________.

2) 야구공은 ___________________________.
__________ 축구공은 _______________.

3) 장진 씨는 머리가 _______________.
__________ 안나 씨는 _______________.

4) 한국은 ___________________________.
__________ 베트남은 _______________.

하지만
'하지만' is used when connecting two sentences with a contrary meaning.

듣기 listening

01~05 다음을 듣고 알맞은 것을 고르십시오.

01 ① 치장　　② 시장　　③ 지장　　　　**02** ① 카지　　② 가지　　③ 거지

03 ① 마트　　② 마드　　③ 머드　　　　**04** ① 백화점　　② 백과점　　③ 백화전

05 ① 컨라면　　② 겁나면　　③ 컵라면

06~08 다음을 듣고 질문에 답하십시오.

06 진진 씨는 시장에 갑니까?

① 네, 시장에 갑니다.　　　　　　　　② 아니요, 시장에 갑니다.

③ 네, 시장에 가지 않습니다.　　　　　④ 아니요, 시장에 가지 않습니다.

07 왕호 씨는 마트에서 무엇을 삽니까?

____

08 투안 씨는 어디에 갑니까?

____

09~10 다음을 듣고 알맞은 것을 쓰십시오.

09 왕호 : 안나 씨, (　　　　) 갑니까?

안나 : 네, 저는 (　　　　) (　　　　　　).

10 진진 : 투안 씨도 (　　　　) 갑니까?

투안 : 아니요, 저는 (　　　　) (　　　　) (　　　　　).

> ☑ **어휘**
> • 컵라면　cup noodles

마트와 백화점

　안나 씨하고 장진 씨는 마트에 갑니다. 장진 씨는 마트에서 신발을 삽니다. 안나 씨는 양말을 삽니다. 과일과 라면 그리고 주스도 삽니다. 라면과 주스가 쌉니다.

　저는 은행동에 갑니다. 은행동에 지하상가가 있습니다. 지하상가에는 옷가게가 많습니다. 지하상가의 옷가게는 쌉니다. 저는 지하상가에서 옷을 삽니다. 중앙역 앞에 백화점이 있습니다. 백화점의 옷은 좋습니다. 하지만 비쌉니다. 저는 백화점에서 옷을 사지 않습니다.

01~05　글을 읽고 알맞은 것을 쓰십시오.

01 누가 마트에 갑니까?

　　____.

02 장진 씨는 마트에서 무엇을 삽니까?

　　____.

03 누가 은행동에 갑니까?

　　____.

04 지하상가에 무엇이 많습니까?

　　____.

05 지하상가에서 무엇을 삽니까?

　　____.

☑ **어휘**
- 중앙역　Jung-ang station
- 옷가게　clothing store

06　알맞은 것을 고르십시오.

06 위 글과 다른 것을 고르십시오.
① 안나 씨는 지하상가에 가지 않습니다.　　② 장진 씨는 양말을 사지 않습니다.
③ 저는 지하상가에 갑니다.　　④ 백화점의 옷은 쌉니다.

활동 activity | **부정형 말하기 게임**

– 두 사람이 하는 게임입니다.
– 각각 동사와 형용사 카드를 갖습니다.
– 가위바위보를 해서 이긴 사람이 자신이 가진 카드를 부정형으로 말합니다.
– 틀린 경우 다시 가위바위보를 합니다.
– 모든 카드를 먼저 다 말한 사람이 이깁니다.

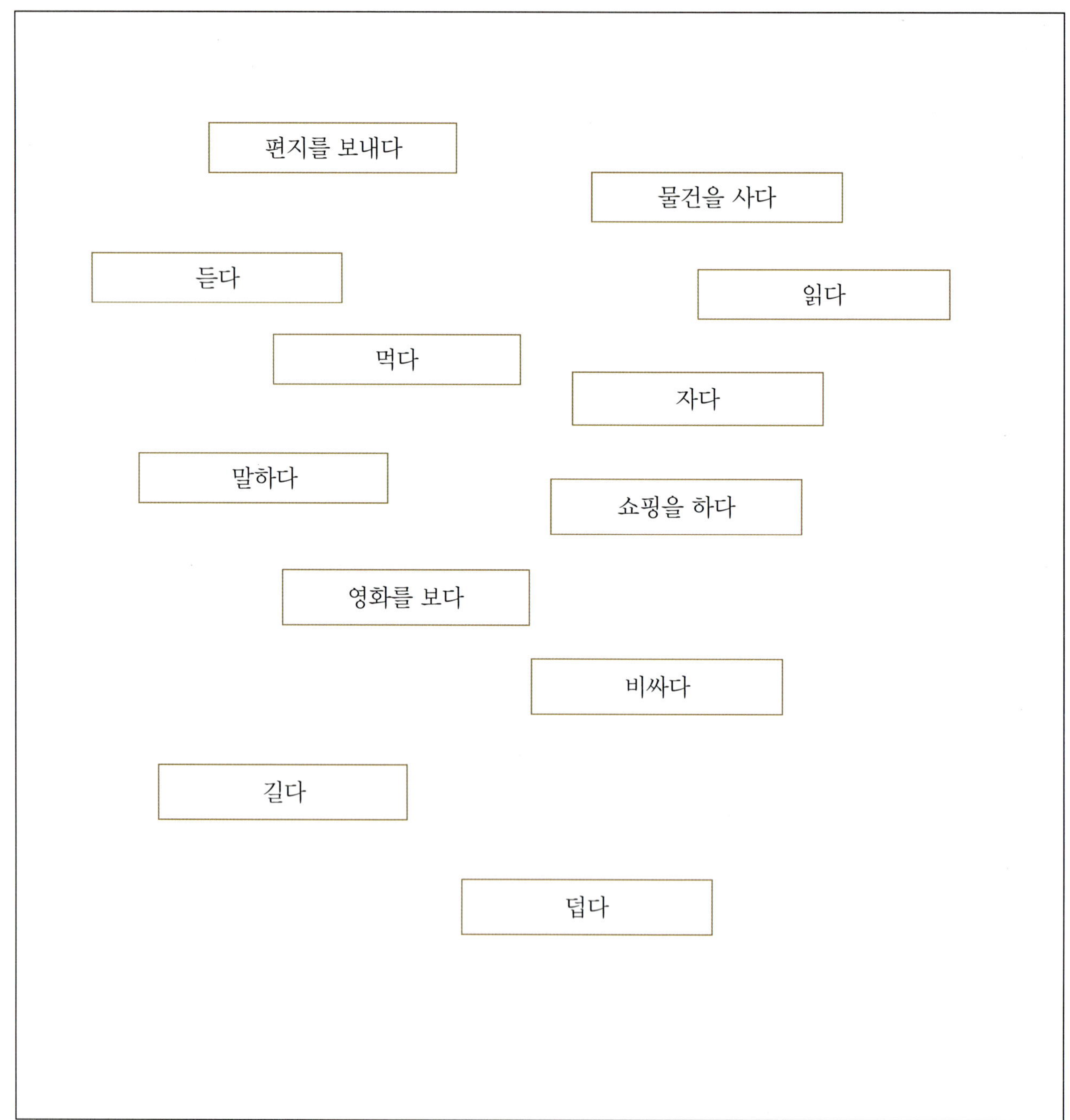

듣기 대본 listening scripts

01~05 1. 시장 2. 가지 3. 마트 4. 백화점 5. 컵라면

06~08

> 왕호 : 진진 씨, 시장에 갑니까?
>
> 진진 : 아니요. 저는 시장에 가지 않습니다.
>
> 마트에 갑니다. 왕호 씨도 마트에 갑니까?
>
> 왕호 : 네, 저도 마트에 갑니다.
>
> 마트에서 컵라면을 삽니다.
>
> 진진 : 투안 씨도 마트에 갑니까?
>
> 투안 : 아니요. 저는 마트에 가지 않습니다.
>
> 백화점에 갑니다.

09~10

> 9. 왕호 : 안나 씨, (시장에) 갑니까?
>
> 안나 : 네, 저는 (시장에) (갑니다).
>
> 10. 진진 : 투안 씨도 (마트에) 갑니까?
>
> 투안 : 아니요, 저는 (마트에) (가지) (않습니다).

Tip 화폐

확인 학습 check

01　알맞은 말을 고르십시오.

01

> 공부(　　)　　　숙제(　　)　　　수영(　　)　　　노래(　　)

① 하다　　　　　② 사다　　　　　③ 보다　　　　　④ 쓰다

02~03　밑줄 친 부분과 의미가 반대인 말을 고르십시오.

02

> 한국은 춥습니다. 하지만 베트남은 ＿＿＿＿＿＿＿＿＿＿＿＿.

① 쌉니다　　　　② 많습니다　　　③ 덥습니다　　　④ 큽니다

03

> 우리 반에 여학생은 많습니다. 하지만 남학생은 ＿＿＿＿＿＿＿＿＿＿＿.

① 적습니다　　　② 비쌉니다　　　③ 작습니다　　　④ 높습니다

04~05　알맞은 말을 쓰십시오.

04

가 : 투안 씨는 무엇을 합니까?

나 : ＿＿＿＿＿＿＿＿＿＿＿＿＿＿＿＿＿＿＿＿.

05

가 : 서점에서 무엇을 합니까?

나 : ＿＿＿＿＿＿＿＿＿＿＿＿＿＿＿＿＿＿＿＿.

06

가 : 왕호 씨는 식당에 갑니까?

나 : ____________________________________.

07

가 : 이유 씨는 편지를 보냅니까?

나 : ____________________________________.

08

가 : 투안 씨는 도서관에 갑니까?

나 : ____________________________________.

09~10 문장을 만드십시오.

09

> 우리 / 한국어교육원 / 한국어 / 공부하다

→ ____________________________________

10

> 오늘 / 투안 / 한국 노래 / 듣다

→ ____________________________________

기숙사에서 무엇을 해요?

기숙사에서 무엇을 해요?

프엉 : 투안 씨는 교실에 있어요?

장진 : 아니요, 교실에 없어요. 기숙사에 있어요.

프엉 : 기숙사에서 무엇을 해요?

장진 : 기숙사에서 **음악을 들어요**.

☑ **발음**

- 교실에 [교시레]
- 있어요 [이써요]
- 없어요 [업써요]
- 음악을 [으마글]
- 들어요 [드러요]

☑ **어휘**

- 음악 music

공부하다
숙제하다
시작하다
끝나다
수영하다
목욕하다
노래하다
춤추다
청소하다
빨래하다
쉬다
마시다
타다
내리다
만나다
헤어지다

문법 Grammar — 01. V/A-아/어/해요 informal final sentence ending of present tense

V / A	①	ㅏ, ㅗ	～아요	가다 + −아요 → 가요 오다 + −아요 → 와요
	②	ㅓ, ㅜ, ㅡ, ㅣ ……	～어요	먹다 + −어요 → 먹어요, 읽다 + −어요 →읽어요 마시다 + −어요 → 마셔요 ★듣다 + −어요 → 들어요
	③	**하다**	～해요	운동하다 → 운동해요, 이야기하다 → 이야기해요

▶ 연습문제

보기

가다 ➡ <u>가요.</u>

1) 자다 ➡ ____________.

2) 사다 ➡ ____________.

3) 먹다 ➡ ____________.

4) 읽다 ➡ ____________.

5) 공부하다 ➡ ____________.

6) 운동하다 ➡ ____________.

▶연습문제 : N을/를 V-아/어/해요.

보기

물/마시다
물을 마셔요.

1) 책 / 읽다

______________________.

2) 돈 / 찾다

______________________.

3) 영화 / 보다

______________________.

4) 친구 / 만나다

______________________.

V/A-아요/어요/해요

'-아요' is used when the final vowel of a verb or an adjective stem ends in 'ㅏ or ㅗ', and when the final vowel of a verb or an adjective stem is a vowel other than 'ㅏ or ㅗ', 어요 is added. These final endings are used to express fact, explanation, question and command in meaning

▶연습문제 2 : N에서 N을/를 V-아/어/해요.

서점 / 책 / 사요
투안 씨는 <u>서점에서 책을 사요</u>.

1) 학교 / 한국어 / 공부하다

　왕호 씨는 ＿＿＿＿＿＿＿＿＿＿＿＿＿＿＿.

2) 식당 / 밥 / 먹다

　투안 씨는 ＿＿＿＿＿＿＿＿＿＿＿＿＿＿＿.

3) 기숙사 / 일기 / 쓰다

　피터 씨는 ＿＿＿＿＿＿＿＿＿＿＿＿＿.

4) 편의점 / 우유 / 사다

　장진 씨 ＿＿＿＿＿＿＿＿＿＿＿＿＿＿.

03. 듣다 ⇒ 들어요 (ㄷ불규칙) 'ㄷ'irregular conjugation

'ㄷ'+어요	듣다 + 어요 → 드(ㄷ → ㄹ) + 어요 → 들어요, 묻다 + 어요 → 무(ㄷ → ㄹ) + 어요 → 물어요 걷다 + 어요 → 거(ㄷ → ㄹ) + 어요 → 걸어요

▶ **연습문제 : N을/를 V−아/어/해요.**

보기

듣다 : 왕호 씨는 방에서 음악을 들어요.

1) 묻다 : 선생님이 길을

➡ ________________________________.

2) 걷다 : 프엉 씨는 운동장에서

➡ ________________________________.

3) 닫다 : 창문을

➡ ________________________________.

4) 받다 : 편지를

➡ ________________________________.

ㄷ불규칙 활용

When a verb or an adjective stem ends in 'ㄷ' and the next syllable begins with a vowel such as −아요/ 어요 or 으, 'ㄷ' is changed into 'ㄹ'.

듣기 listening

01~05 다음을 듣고 알맞은 것을 고르십시오.

01 ① 토서관   ② 투수관   ③ 도서관   **02** ① 수염   ② 수영   ③ 수연

03 ① 클럽   ② 킬럽   ③ 쿨럽   **04** ① 사우나   ② 사오나   ③ 사어나

05 ① 무오슬   ② 무엇을   ③ 무엇일

06~08 다음을 듣고 질문에 답하십시오.

06 장진 씨는 도서관에 있어요?

① 네, 도서관에 있어요. 수영장에 있어요.   ② 네, 도서관에 없어요. 수영장에 없어요.

③ 아니요, 도서관에 없어요. 수영장에 있어요.   ④ 아니요, 도서관에 없어요. 수영장에 없어요.

07 안나 씨는 무엇을 해요?

①    ②    ③ 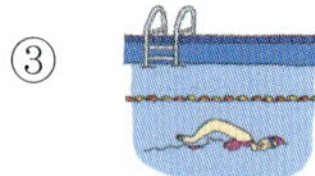   ④ 

08 왕호 씨는 어디에 가요?

____

09~10 다음을 듣고 알맞은 것을 쓰십시오.

09 안나 : 왕호 씨, 헬스클럽에서 무엇을 해요?

왕호 : 헬스클럽에서 (　　　　　　　) (　　　　　　　).

10 왕호 : 안나 씨도 (　　　　　　　) 가요?

안나 : 아니요, 저는 (　　　　　　) (　　　) (　　　　　). 수영장에 가요.

> ☑ **어휘**
> • 헬스클럽　hleath club
> • 사우나　sauna

운동과 동아리

학교에는 수영장이 있습니다. 그리고 헬스클럽과 체육관이 있습니다. 요가와 춤을 가르칩니다. 학생들이 수영장에서 수영을 배웁니다. 헬스클럽에서 운동을 합니다. 체육관에서 춤과 요가를 배웁니다. 저는 춤이 재미있습니다.

학교에는 동아리도 있습니다. 음악 동아리, 영화 동아리, 치어리더 동아리, 사물놀이 동아리 등의 동아리가 있습니다. 저는 사물놀이 동아리에서 사물놀이를 배웁니다. 사물놀이 동아리는 한국 전통악기를 연주합니다.

01~05 위 글을 읽고 알맞은 것을 쓰십시오.

01 학교에는 수영장이 있습니까?

____.

02 체육관에서는 무엇을 가르칩니까?

____.

03 '나'는 무엇이 재미있습니까?

____.

04 학교에는 음악 동아리가 있습니까?

____.

05 사물놀이 동아리에서는 무엇을 배웁니까?

____.

☑ **어휘**
- 재미있다 to be interesting
- 요가 yoga

06 알맞은 것을 고르십시오.

06 위 글과 다른 것을 고르십시오.

① 학생들이 수영장에서 수영을 배웁니다 　　② 학생들은 헬스클럽에서 요가와 춤을 배웁니다.
③ 학교에는 요리 동아리도 있습니다. 　　④ 사물놀이는 한국 전통악기 연주입니다.

활동 activity '–아/어/해요' 골든벨

– 작은 칠판을 학생들에게 나눠 줍니다.
– 교사가 격식체로 이야기하면 학생들은 칠판에 비격식체로 씁니다.
– 완성되면 위로 듭니다.
– 교사는 오류를 수정해 줍니다.

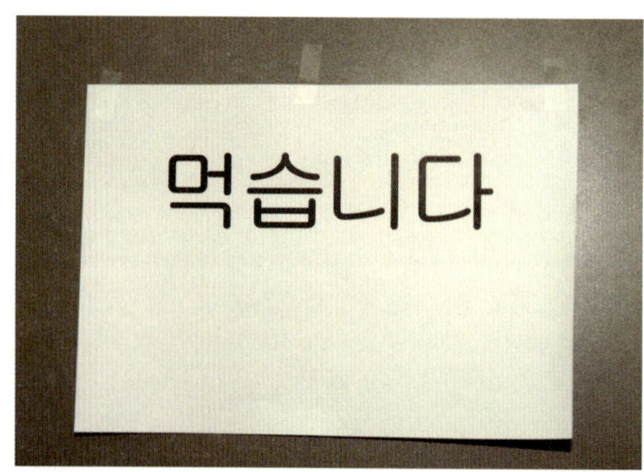

01~05   1. 도서관   2. 수영   3. 클럽   4. 사우나   5. 무엇을

06~08

> 안나 : 장진 씨는 도서관에 있어요?
>
> 왕호 : 아니요, 도서관에 없어요. 수영장에 있어요.
>
> 안나 : 수영장에서 무엇을 해요?
>
> 왕호 : 수영장에서 수영을 해요.
>
>   안나 씨도 수영장에 가요?
>
> 안나 : 아니요, 도서관에 가요. 공부를 해요.
>
> 왕호 : 저는 사우나에 가요. 저는 사우나를 해요.

09~10

> 9. 안나 : 왕호 씨, 헬스클럽에서 무엇을 해요?
>
>   왕호 : 헬스클럽에서 (운동을) (해요).
>
> 10. 왕호 : 안나 씨도 (사우나에) 가요?
>
>   안나 : 아니요, 저는 (사우나에) (가지) (않아요). 수영장에 가요.

Tip   장소

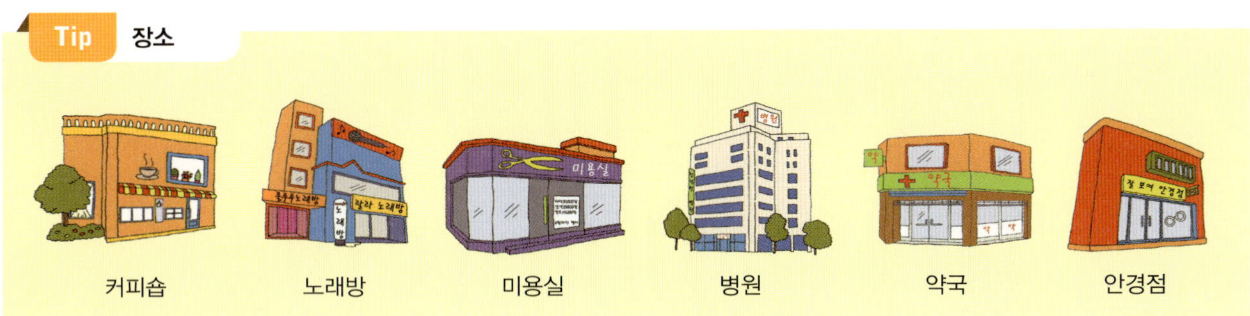

2013
5 MAY
SUNDAY
MONDAY
TUESDAY
5 목욕탕 가는날
6
7
12 No Pains no gains
시험의 연속 START!
최선을 다했으니 후회는 없어!!!
열공
공부한것만 나오게 하소서!
19 집 도착
FINISH!
20 성년의 날 HAPPY
21
26 아쉬운 일요일
27
28

10

오늘은 무슨 요일이에요?

오늘은 무슨 요일이에요?

투안 : 오늘은 무슨 요일이에요?

프엉 : 오늘은 **월요일이에요.**

투안 : 오늘은 몇 월 며칠이에요?

프엉 : 오늘은 **4월 9일이에요.**

투안 : 시험은 언제예요?

프엉: 시험은 **수요일이에요.**

☑ **발음**	☑ **어휘**	
• 오늘은 [오느른]	• 오늘	today
• 요일이에요 [요이리에요]	• 언제	when
• 월요일 [워료일]	• 무슨	what kind of
• 시험은 [시허믄]	• 시험	examination
• 몇월 [며뒬]	• 요일	day of the week
	• 수요일	Wednesday
	• 월요일	Monday

작년	올해	내년
2015	2016	2017

2016 4 지난달

일	월	화	수	목	금	토
1	2	3	4	5	6	7
8	9	10	11	12	13	14
15	16	17	18	19	20	21
22	23	24	25	26	27	28
29	30					

2016 6 다음달

일	월	화	수	목	금	토
					1	2
3	4	5	6	7	8	9
10	11	12	13	14	15	16
17	18	19	20	21	22	23
24	25	26	27	28	29	30

5월 이번 달

월요일	화요일	수요일	목요일	금요일	토요일	일요일	
					주말		
	1 일일	2 이일	3 삼일	4 사일	5 오일	6 육일	지난주
7 칠일	8 팔일 어제	9 구일 오늘	10 십일 내일	11 십일일	12 십이일	13 십삼일	이번 주
14 십사일	15 십오일	16 십육일	17 십칠일	18 십팔일	19 십구일	20 이십일	다음 주
21 이십일일	22 이십이일	23 이십삼일	24 이십사일	25 이십오일	26 이십육일	27 이십칠일	
28 이십팔일	29 이십구일	30 삽십일	31 삽십일일				

1월	2월	3월	4월	5월	6월
일월	이월	삼월	사월	오월	유월

7월	8월	9월	10월	11월	12월
칠월	팔월	구월	시월	십일월	십이월

문법 Grammar　**01. 무슨 N이에요?/예요?** What N(what kind of N) is it?

▶ **연습문제**

가 : 무슨 요일이에요?
나 : <u>금요일이에요</u>.

1) 가 : 무슨 책이에요?

　 나 : ______________________.

2) 가 : 무슨 노래예요?

　 나 : ______________________.

3) 가 : ______________________ ?

　 나 : ______________________.

4) 가 : ______________________ ?

　 나 : ______________________.

무슨 (what kind of ~)
'무슨' as an interrogative pre-noun is used before the noun when asking about kinds or characteristics about something.

일요일	월요일	화요일	수요일	목요일	금요일	토요일
Sunday	Monday	Tuesday	Wednesday	Thursday	Friday	Saturday

▶ **연습문제**

보기

	목요일	금요일	토요일
오전	한국어 공부	한국어 공부	마트
오후	도서관	멘토링	백화점

오늘은 <u>목요일</u>이에요.

1) 오늘 오전에 ________________________ 해요.

2) 오늘 오후에 ______________________.

3) 내일은 오전에 ______________________.

4) 내일 오후에 ______________________.

5) 토요일에 ____________ 하고 ____________.

03. N은/는 몇 월 며칠이에요? What date is N?

▶연습문제

10월

20(일)	21(월)	22(화)	23(수)	24(목)	25(금)	26(토)
영화관	스포츠센터	시장	대사관	병원	은행	백화점

1) 가 : 시장에 몇 월 며칠에 갑니까?

   나 : ______________에 갑니다.

2) 가 : 병원에 몇 월 며칠에 갑니까?

   나 : ______________에 갑니다.

3) 가 : 영화관에는 몇 월 며칠에 갑니까?

   나 : ______________에 갑니다.

4) 가 : 백화점에 며칠에 갑니까?

   나 : ______________에 갑니다.

5) 가 : 대사관에는 ______________?

   나 : ______________에 갑니다.

6) 가 : 은행에는 ______________?

   나 : ______________에 갑니다.

몇

'몇' is used before the noun when asking about the number of things.

01~05 다음을 듣고 알맞은 것을 고르십시오.

01 ① 챙일　② 생일　③ 새일　　**02** ① 몇 월　② 며 췰　③ 며 쉴

03 ① 며쳘　② 며흘　③ 며칠　　**04** ① 무츤　② 무슨　③ 무선

05 ① 언제　② 은제　③ 운제

06~08 다음을 듣고 질문에 답하십시오.

06 프엉 씨의 생일은 몇 월 며칠이에요?

　① 5월 1일이에요.　　　　　② 5월 2일이에요.
　③ 4월 10일이에요.　　　　④ 4월 12일이에요.

07 프엉 씨의 생일은 무슨 요일이에요?

____

08 투안 씨의 생일은 언제예요?

　① 5월 1일이에요.　　　　　② 5월 2일이에요.
　③ 4월 10일이에요.　　　　④ 4월 12일이에요.

09~10 다음을 듣고 알맞은 것을 쓰십시오.

09 투안 : 내일은 (　　　) 월 (　　　　)이에요?
　　　프엉 : 내일은 (　　　　) (　　　　　　).

10 프엉 : (　　　　　) (　　　　　) 요일이에요?
　　　투안 : (　　　　　) (　　　　　　).

> **☑ 어휘**
> • 축하하다　to congratulate

읽기 reading

생일 파티

　제 생일은 5월 2일입니다. 다음 주 수요일입니다.
제 친구들을 초대합니다. 초대장을 만듭니다.

“ 다음 주 수요일이 제 생일입니다.”
“솔도르리 레스토랑에서 파티를 합니다.”
“와 주시면 감사하겠습니다.”

장진 올림

　제 생일에 친구들과 생일 파티를 합니다. 친구들이
많습니다. 친구들과 생일 축하 노래를 부릅니다. 축
하 노래를 소개합니다.
　“생일 축하합니다. 생일 축하합니다. 사랑하는 장
진 씨, 생일 축하합니다.” 그리고 케이크의 불을 끕
니다. 같이 음식을 먹습니다. 친구들이 저에게 선물
을 줍니다. 행복합니다.

01~05　글을 읽고 물음에 답하십시오.

01　장진의 생일은 언제입니까? ________________________.

02　장진의 생일은 무슨 요일입니까? ________________________.

03　누구를 초대합니까? ________________________.

04　생일날 우리는 무엇을 했습니까? ________________________.

05　장진의 생일입니다. 장진의 기분은 어떻습니까? ________________________.

06　알맞은 것을 고르십시오.

06　위 글과 다른 것을 고르십시오.
① 다음주 2일이 장진의 생일입니다.　　② 장진은 친구를 초대합니다.
③ 솔도르리에서 생일파티를 합니다.　　④ 친구들이 적습니다.

☑ 어휘
- 파티 party   · 소개하다 to introduce
- 불을 끄다 to put out the light
- 같이 together

– 두 명씩 짝을 지어 앉습니다.
– 기념일이 적힌 달력을 각각 펍니다.
– 서로 질문하면서 비어 있는 곳의 정보를 채워 넣습니다.

2016 6월

일	월	화	수	목	금	토
			1 국제대학 멘토링	**2**	**3**	**4** 도서관 시험공부
5 환경의날 도서관 시험공부	**6** 현충일 현충사 방문	**7**	**8**	**9** 단오 문화원 전통문화 체험	**10** 기말고사	**11**
12	**13** 방학 시작	**14**	**15** 내 생일 솔 도르리카페 생일파티	**16** CGV 영화	**17**	**18** 롯데 월드
19	**20** 계절학기 시작	**21** 하지	**22**	**23**	**24**	**25** 6.25한국전쟁 DMZ 여행
26 계절학기 중간시험 준비	**27**	**28** 치과 병원	**29**	**30**		

활동 activity   달력의 정보 주고받기 2

– 두 명씩 짝을 지어 앉습니다.
– 기념일이 적힌 달력을 각각 폅니다.
– 서로 질문하면서 비어 있는 곳의 정보를 채워 넣습니다.

2016   **6월**

일	월	화	수	목	금	토
			1	**2** 국제대학 멘토링	**3**	**4** 도서관 시험공부
5 환경의날 아카데미극장 영화	**6** 현충일 독립기념관 방문	**7**	**8**	**9** 단오 문화원 전통문화 체험	**10** 기말고사	**11** 대천 여행
12 대천 여행	**13** 방학 시작	**14**	**15** 동아리방 모임	**16**	**17**	**18** 백화점 쇼핑
19	**20** 계절학기 시작	**21** 하지 1학기 성적확인	**22** 내 생일 집 생일파티	**23**	**24**	**25** 6.25한국전쟁 경복궁 관광
26 도서관 시험공부	**27**	**28** 계절학기 중간고사	**29**	**30**		

01~05 1. 생일 2. 몇 월 3. 며칠 4. 무슨 5. 언제

06~08

투안 : 프엉 씨의 생일은 몇 월 며칠이에요?

프엉 : 제 생일은 5월 2일이에요.

투안 : 무슨 요일이에요?

프엉 : 5월 2일은 목요일이에요.
　　　 투안 씨 생일은 언제예요?

투안 : 제 생일은 4월 12일이에요. 내일이에요.

프엉 : 그래요? 생일 축하해요.

09~10

9. 투안 : 내일은 (몇) 월 (며칠)이에요?
　　프엉 : 내일은 (6월) (16일이에요).

10. 프엉 : (내일은) (무슨) 요일이에요?
　　투안 : (내일은) (토요일이에요).

Tip

2월 14일
〈발렌타인 데이〉

3월 3일
〈삼겹살 데이〉

3월 14일
〈화이트데이〉

4월 14일
〈블랙 데이〉

5월 14일
〈로즈 데이〉

6월 14일
〈키스 데이〉

11월 11일
〈빼빼로 데이〉

확인 학습 check

01~02 그림을 보고 ( )에 알맞은 말을 쓰십시오.

01

극장에 갑니다.

영화를 ( ).

02

집에 옵니다.

밥을 ( ).

03~04 밑줄 친 부분과 의미가 비슷한 말을 고르십시오.

03

> 나는 한국에서 한국어를 <u>공부해요</u>.

① 가르쳐요   ② 배워요   ③ 읽어요   ④ 써요

04

> <u>토요일과 일요일에</u> 학교에 가요?

① 언제   ② 주말   ③ 몇 월   ④ 며칠

05~06 맞는 말을 고르십시오.

05
① 창문을 <u>닫아요</u>.
② 노래를 <u>듣어요</u>.
③ 편지를 <u>받어요</u>.
④ 운동장에서 <u>걷어요</u>

06 ① 저는 커피를 <u>마시어요</u>.

② 오늘 한국어 숙제를 <u>하아요</u>.

③ 투안 씨는 춤을 <u>춰요</u>.

④ 비행기를 <u>타아요</u>.

12월   오늘

일요일	월요일	화요일	수요일	목요일	금요일	토요일
15 서점	16 영화관	17	18 운동	19	20 시장	21

07 오늘은 무슨 요일입니까?

____

08 내일은 몇 월 며칠입니까?

____

09 일요일에 어디에 갑니까?

____

10. ① 가 : 무엇을 마십니까?   ② 가 : 무슨 책을 삽니까?

　　　나 : 오늘 마십니다.   　　나 : 한국어 책을 삽니다.

③ 가 : 무슨 책을 읽습니까?   ④ 가 : 무슨 과일을 먹습니까?

　　나 : 어제 책을 읽었습니다.   　나 : 맛이 없습니다.

얼마예요?

11

얼마예요?

11

얼마예요?

왕호 : 이 **주스**하고 **라면**이 얼마예요?

주인 : 이 **주스는 한 병에 오천 원이에요.**

　　　그리고 **라면은 한 개에 육백 원이에요.**

왕호 : 주스 한 병하고 라면 세 개 주세요. 모두 얼마예요?

주인 : 모두 육천팔백 원이에요.

☑ **발음**

- 오천 원 [오처 붠]
- 육백 원 [육빼 권]
- 원이에요 [워니에요]

☑ **어휘**

- 주스 juice
- 얼마 How much
- 라면 ramyon; instant noodle
- 개 counting unit(for general items)
- 병 a bottle
- 원 won; ₩
- 모두 all; everything

한 병 천삼백 원	한 개 천 원	한 벌 이만 원	한 권 만구천 원
맥주 다섯 병	사과 세 개	옷 일곱 벌	책 여덟 권
			한 잔 오천 원
가족 여섯 명/사람	개 여섯 마리	종이 한 장	커피 한 잔
한 대 팔십만 원	한 송이 천이백 원	한 그릇 삼천원	한 켤레 십이만 원
노트북 한 대	꽃 한 송이	라면 네 그릇	구두 두 켤레

문법 Grammar   01. N은/는 N에 ~원이에요   N is –won per N (with price & counting unit)

0	영/공							
1	일	하나(한)	11	십일	열하나(열한)	30	삼십	서른
2	이	둘(두)	12	십이	열둘(열두)	40	사십	마흔
3	삼	셋(세)	13	십삼	열셋(열세)	50	오십	쉰
4	사	넷(네)	14	십사	열넷(열네)	60	육십	예순
5	오	다섯	15	십오	열다섯	70	칠십	일흔
6	육	여섯	16	십육	열여섯	80	팔십	여든
7	칠	일곱	17	십칠	열일곱	90	구십	아흔
8	팔	여덟	18	십팔	열여덟	100	백	
9	구	아홉	19	십구	열아홉	1,000	천	
10	십	열	20	이십	스물(스무)	10,000	만	

▶연습문제 1

보기

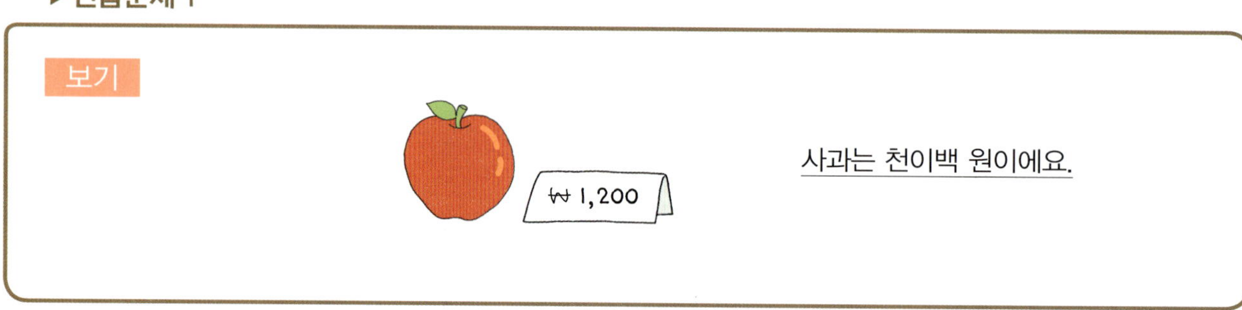

사과는 천이백 원이에요.

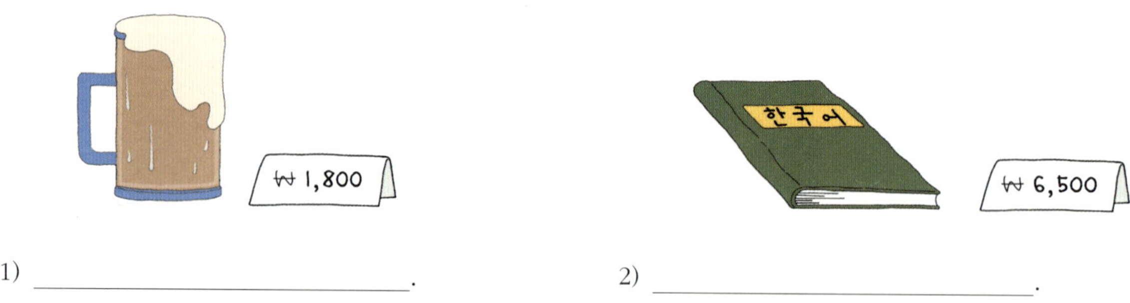

1) ____________________________ .

2) ____________________________ .

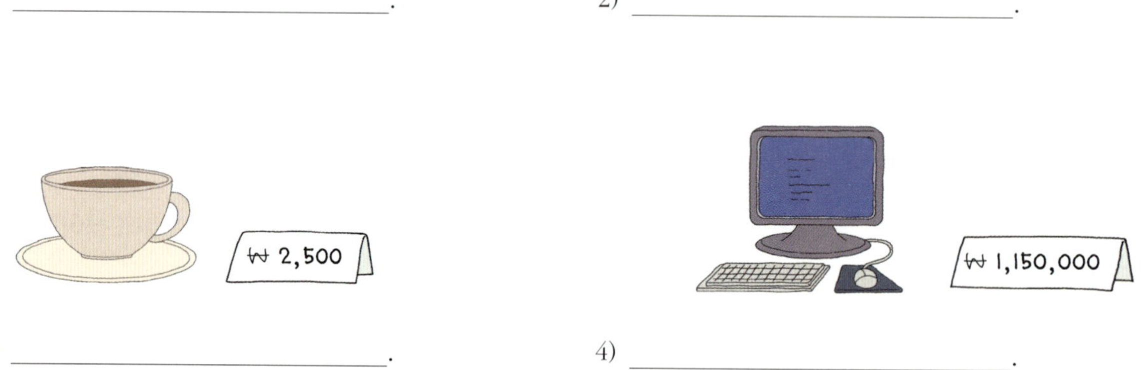

3) ____________________________ .

4) ____________________________ .

보기

가 : 사과는 얼마예요?
나 : 사과는 한 개에 천이백 원이에요.

₩ 1,800

₩ 13,000

1) ___________________________ ?

___________________________ .

2) ___________________________ ?

___________________________ .

₩ 7,500

₩ 2,300,000

3) ___________________________ ?

___________________________ .

4) ___________________________ ?

___________________________ .

N에

'–에' denotes the standard unit of the word before a word indicating number or quantity.

02. N 주세요 please give N

▶**연습문제 1**

1) ________________________.

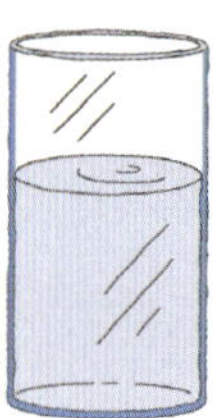

2) ________________________.

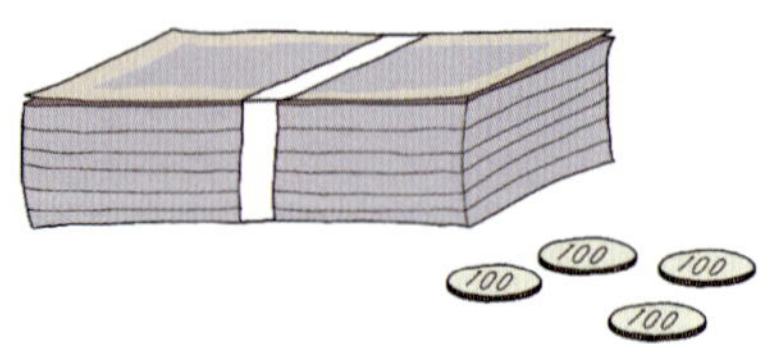

3) ________________________.

4) ________________________.

보기

<u>우유 두 개 주세요.</u>

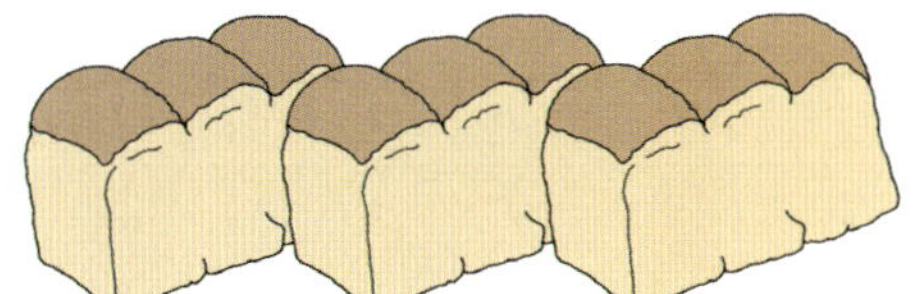
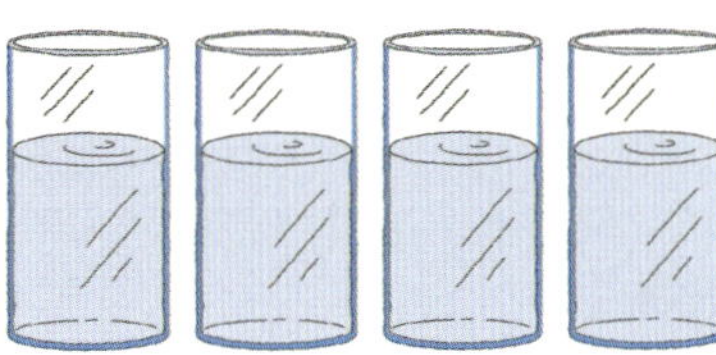

1) _________________________ .

2) _________________________ .

3) _________________________ .

4) _________________________ .

03. 모두 얼마예요? How much is it all together?

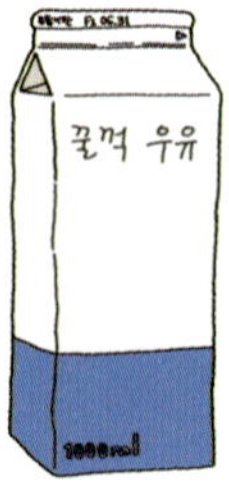

▶연습문제 1

1) __________________________ ?

__________________________ .

2) __________________________ ?

__________________________ .

3) __________________________ ?

__________________________ .

4) __________________________ ?

__________________________ .

보기

마트에서 무엇을 사요? 그리고 얼마예요?
<u>마트에서 콜라를 사요. 두 병에 이천 원이에요.</u>

1) 마트에서 무엇을 사요? 그리고 얼마예요?

_________________________________.

2) 마트에서 무엇을 사요? 그리고 얼마예요?

_________________________________.

3) 마트에서 무엇을 사요? 그리고 얼마예요?

_________________________________.

4) 마트에서 무엇을 사요? 그리고 얼마예요?

_________________________________.

5) 마트에서 무엇을 사요? 그리고 얼마예요?

_________________________________.

6) 모두 얼마예요?

_________________________________.

듣기 listening

01~05 다음을 듣고 알맞은 것을 고르십시오.

01 ① 찾으세요   ② 차주세요   ③ 찾어세요

02 ① 웃이요   ② 어시요   ③ 옷이요

03 ① 엄마예요   ② 올마예요   ③ 얼마예요

04 ① 항 벌에   ② 한 벌에   ③ 한 벌레

05 ① 칠만 삼천 원   ② 질만 삼저 눤   ③ 침만 삼처 눤

06~07 다음을 듣고 질문에 답하십시오.

06 이유는 무엇을 사요? 모두 고르세요.

① ② 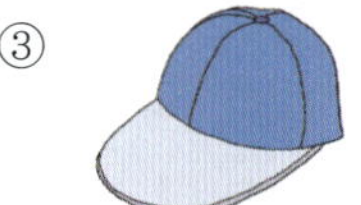 ③ ④ 

07 모두 얼마예요?
  ① 모두 칠만 사천 원이에요.   ② 모두 칠만 삼천 원이에요.
  ③ 모두 십만 사천 원이에요.   ④ 모두 십만 삼천 원이에요.

08~10 다음을 듣고 알맞은 것을 쓰십시오.

08 직원 : (   ). 무엇을 찾으세요?
    진진 : 우유 (   ) 개와 빵 (   ) 개 주세요.

09 안나 : 모두 (   )?
    직원 : (   ) 원이에요.

10 진진 : 치마 한 벌 (   ).
    직원 : (   ) 원이에요.

> ☑ **어휘**
> • 찾다 look for
> • 치마 skirt

쇼핑

　친구하고 마트에 갑니다. 마트는 값이 쌉니다. 물건이 많습니다. 친구하고 저는 라면, 과자, 음료수를 삽니다. 그리고 양말을 삽니다. 라면은 다섯 개에 삼천 원, 과자는 세 개에 이천 원, 음료수는 한 병에 이천오백 원, 양말은 두 켤레에 이천 원입니다. 가격이 쌉니다. 친구와 저는 기분이 좋습니다. 그 다음에 우리는 롯데리아에서 햄버거를 먹습니다.

01~03 맞으면 ○ 틀리면 × 하십시오.

01 나는 친구와 쇼핑을 합니다. (　　　)

02 마트는 물건이 비싸지 않습니다. (　　　)

03 라면은 한 개에 오백 원입니다. (　　　)

04 알맞은 것을 고르십시오.

04 우리는 무엇을 사지 않아요?

① 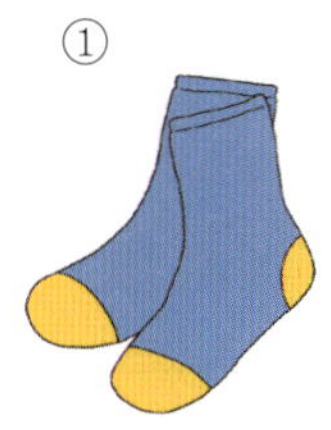 ②  ③  ④ 

05 알맞은 것을 쓰십시오.

05 친구와 물건을 삽니다. 그리고 무엇을 합니까?

____

☑ **어휘**

- 값 price
- 과자 cracker, cookie
- 음료수 drink　・양말 socks
- 그 다음에 after, next
- 기분이 좋다 to be feel good(well)
- 롯데리아 Lotteria　・햄버거 Hamburger

활동 activity   물건사기

그림을 보면서 이야기합시다. (마트 전단지 활용)
무엇이 있어요?

① ___________	② ___________	③ ___________	④ ___________
⑤ ___________	⑥ ___________	⑦ ___________	⑧ ___________
⑨ ___________	⑩ ___________		

얼마예요?

① ___________	② ___________	③ ___________	④ ___________
⑤ ___________	⑥ ___________	⑦ ___________	⑧ ___________
⑨ ___________	⑩ ___________		

01~05 1. 찾으세요 2. 옷이요 3. 얼마예요 4. 한 벌에 5. 칠만 삼천 원

06~07

점원 : 어서 오세요. 무엇을 찾으세요?

이유 : 모자하고 치마요.

　　　이 모자는 얼마예요?

점원 : 그 모자는 한 개에 이만 오천 원이에요.

이유 : 이 치마는 얼마예요?

점원 : 치마는 한 벌에 사만 팔천 원이에요.

이유 : 모두 얼마예요?

점원 : 모두 칠만 삼천 원이에요.

08~10

8. 직원 : (어서 오세요). 무엇을 찾으세요?

　　진진 : 우유 (한) 개와 빵 (두) 개 주세요.

9. 안나 : 모두 (얼마예요)?

　　직원 : (칠만 삼천) 원이에요.

10. 진진 : 치마 한 벌 (주세요).

　　직원 : (이만 오천) 원이에요.

Tip 단위

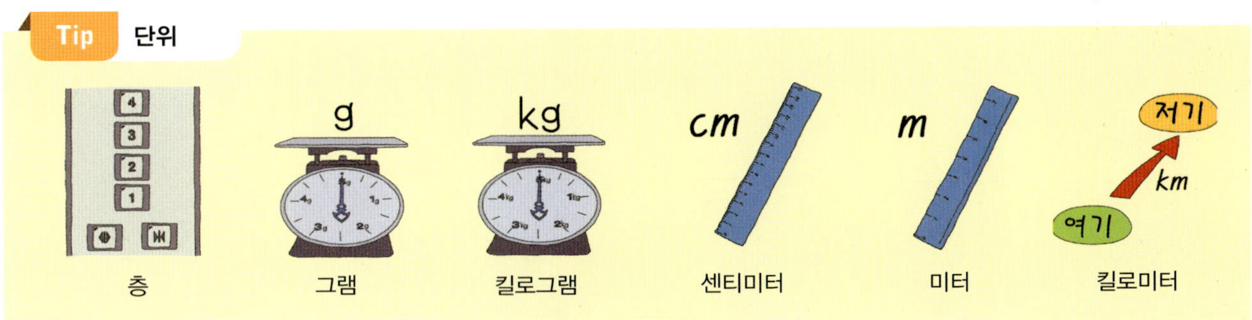

어제 뭐 했어요?

12

어제 무엇을 했어요?

어제 무엇을 했어요?

안나 : 어제 무엇을 했어요?

왕호 : 어제 진진 씨와 은행동에 갔어요.

　　　옷을 샀어요.

안나 : 은행동에서 무엇을 먹었어요?

왕호 : 나는 **김치찌개를 먹고** 진진 씨는 **불고기를 먹었어요.**

☑ **발음**

• 무엇을 했어요 [무어슬 해써요]

• 먹었어요 [머거써요]

• 먹고 [먹꼬]

☑ **어휘**

• 은행동 eunhaeng-dong

• 김치찌개 Kimchi stew

• 불고기 Bulgogi

밥	김밥	비빔밥	불고기
 김치찌개	 된장찌개	 김치	 깍두기
 감자탕	 삼계탕	 냉면	 떡국

문법 Grammar — 01. V/A −았/었/했어요 informal final sentence ending of past tense

		동사의 어간	−았/었/했어요	예
V / A	①	ㅏ, ㅗ	았어요	가다 + 았어요 → 갔어요, 오다 + 았어요 → 왔어요
	②	ㅓ, ㅜ, ㅡ, ㅣ ……	었어요	먹다 + 었어요 → 먹었어요, 웃다 + 었어요 → 웃었어요 ★ 쓰다 + 었어요 → 썼어요 ★ 마시다 + 었어요 → 마셨어요 ★ 듣다 + 었어요 → 들었어요
	③	하다	했어요	일하다 + 했어요 → 일했어요, 공부하다 + 했어요 → 공부했어요

▶연습문제 1

보기

어제 쇼핑을 갔어요.

1) 어제 친구와 저녁을 _________________.

2) 지난주에 _________________.

3) 어제 밤에 _________________.

4) 지난달에 _________________.

보기

가 : 어제 무엇을 했어요?
나 : 극장에서 영화를 봤어요.

1) 가 : 오전에 무엇을 했어요?
   나 : ______________________.

2) 가 : 지난 주말에 무엇을 했어요?
   나 : ______________________.

3) 가 : 어제 ______________________?
   나 : ______________________.

4) 가 : 한 시간 전에 ______________________?
   나 : ______________________.

02. V/A-고 S V/A and S (sentence)

▶ **연습문제**

보기

나는 밥을 먹고
투안은 텔레비전을 봐요.

1) 프엉은 _______________
   이유는 _______________.

2) 투안은 _______________
   왕호는 _______________.

3) 투안은 _______________
   안나는 _______________.

4) 프엉은 _______________
   진진은 _______________.

5) 프엉은 _______________
   진진은 _______________.

6) 프엉은 _______________
   왕호는 _______________.

V/A-고

'-고' is used when combining two sentences with one sentence. '-고' is used to list two or more facts, actions or situations, or to express that the action of the second clause was performed after the action of the first clause in sequence.

01~05 다음을 듣고 알맞은 것을 고르십시오.

01 ① 했어요　② 해떠요　③ 캣어요　　**02** ① 백과점　② 백화점　③ 백화전

03 ① 쌌어요　② 샀어요　③ 샀으요　　**04** ① 먹었어요　② 묵었어요　③ 목었어요

05 ① 식탕가　② 식당가　③ 식땅까

06~08 다음을 듣고 질문에 답하십시오.

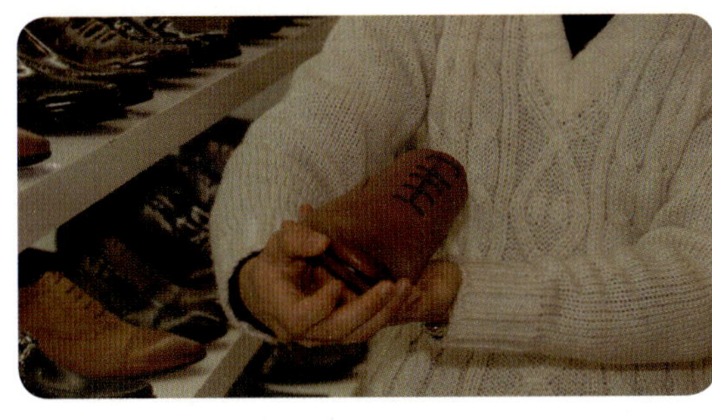 

06 왕호 씨는 어제 무엇을 샀어요?
　① 구두　　　　② 옷　　　　③ 가방　　　　④ 모자

07 왕호 씨와 진진 씨는 쇼핑을 하고 무엇을 했어요?
　① 집에 갔어요.　　② 식사를 했어요.　　③ 구두를 샀어요.　　④ 친구를 만났어요.

08 왕호 씨와 진진 씨는 어제 어디에 갔어요? 쓰세요.

____

09~10 다음을 듣고 알맞은 것을 쓰십시오.

09 안나 : 왕호 씨는 무엇을 (　　　　　　　)?
　　왕호 : 저는 (　　　　) (　　　　　　　).

10 안나 : (　　　　　) 밥을 (　　　　　　　)?
　　왕호 : 백화점 (　　　　　) (　　　　　　　).

☑ **어휘**
- 식당가　food court
- 돈가스　pork cutlet

읽기 reading

지난주 쇼핑

　지난주에 장진 씨와 백화점에 갔습니다. 옷이 많았습니다. 그리고 아주 예뻤습니다. 하지만 우리는 돈이 많지 않았습니다. 조금 슬펐습니다. 할인 상품을 샀습니다. 그 옷도 예뻤습니다. 우리는 기분이 좋았습니다. 우리는 백화점 식당가에 갔습니다. 장진 씨는 비빔밥을 먹고 저는 갈비탕을 먹었습니다. 갈비탕이 아주 맛있었습니다. 저녁을 먹고 커피를 마셨습니다. 오늘 하루는 행복했습니다.

01~03 맞으면 ○ 틀리면 × 하십시오.

01 우리는 지난주에 옷을 사지 않았습니다. (　　　)

02 이 백화점의 옷은 아주 예쁩니다. (　　　)

03 우리는 돈이 적었습니다. (　　　)

04 알맞은 것을 고르십시오.

04 장진 씨는 지난주에 어디에 갔습니까?

① 백화점　　　　② 마트　　　　③ 시장　　　　④ 편의점

05 알맞은 것을 쓰십시오.

05 우리는 무엇을 사고 무엇을 먹었습니까?

____

☑ **어휘**
- 아주 very; awfully
- 예쁘다 to be pretty
- 하지만 however
- 조금 a little
- 슬프다 to be sad
- 할인 discount
- 상품 a commodity; an item on [for] sale

사진을 보면서 이야기해 봅시다.

가 : 방학에 어디에 갔어요?
나 : 제주도에 갔어요.

가 : 누구와 갔어요?
나 : 가족과 갔어요.

가 : 어떻게 갔어요?
나 : 비행기로 갔어요.

가 : 제주도에서 무엇을 했어요?
나 : 말을 탔어요.
   수영도 했어요.

가 : 무엇을 먹었어요?
나 : 생선요리를 먹었어요.
가 : 어디에서 잤어요?
나 : 호텔에서 잤어요.

활동 activity 여행 사진 준비

여름에 무엇을 했습니까? 이야기해 봅시다.

준비된 사진 붙이기

준비된 사진 붙이기

· 어디에 갔어요?

____

____

· 누구하고 갔어요?

____

____

· 무엇을 했어요?

____

____

듣기 대본 listening scripts

01~05 1. 했어요 2. 백화점 3. 샀어요 4. 먹었어요 5. 식당가

06~08

안나 : 왕호 씨, 어제 무엇을 했어요?

왕호 : 어제 진진 씨와 백화점에 갔어요.

　　　구두를 샀어요.

안나 : 진진 씨는 무엇을 샀어요?

왕호 : 진진 씨는 옷을 샀어요.

안나 : 백화점에서 무엇을 먹었어요?

왕호 : 백화점 식당가에서 나는 김치찌개를 먹고 진진 씨는 돈가스를 먹었어요.

09~10

9. 안나 : 왕호 씨는 무엇을 (샀어요)? 왕호: 저는 (구두를) (샀어요).

10. 안나 : (어디에서) 밥을 (먹었어요)?

　　왕호 : 백화점 (식당가에서) (먹었어요).

Tip 분식

확인 학습 check

 알맞은 말을 고르십시오.

01

친구와 맥주 ______을/를 마셨어요.

① 다섯 마리　　　② 다섯 장　　　③ 다섯 명　　　④ 다섯 잔

02

서점에서 책을 ______ 샀어요.

① 네 권　　　② 네 잔　　　③ 네 벌　　　④ 사 권

03~04 알맞은 말을 쓰십시오.

03

₩ 50,000

가 : 이 옷은 얼마예요?
나 : ________은/는 ________에 ________ 원입니다.

04

₩ 298,000

가 : 카메라는 얼마예요?
나 : ________은/는 ________에 ________ 원입니다.

어제 진진 씨와 시내에 갔습니다. 시내에서 영화를 보다.
커피숍에서 커피를 마시다. 백화점에서 가방을 사다.
식당에서 저녁을 먹다. 그리고 기숙사에 가다.

05 보다 ➜ _______________________　　**06** 마시다 ➜ _______________________

07 사다 ➜ _______________________　　**08** 먹다 ➜ _______________________

09 가다 ➜ _______________________

10　알맞은 대화를 고르십시오.

10

① 가 : 무엇을 마셨습니까?　　　　② 가 : 무엇을 샀습니까?
　　나 : 주스를 마십니다.　　　　　　　나 : 옷을 삽니다.

③ 가 : 무슨 책을 읽었습니까?　　　④ 가 : 무슨 과일을 먹었습니까?
　　나 : 한국어 책을 읽었습니다.　　　　나 : 과일을 먹었습니다.

13

몇 시예요?

학습목표 | 시간을 묻고 답할 수 있다.

몇 시예요?

안나 : 지금 몇 시예요?

피터 : **오전 여덟 시**예요.

안나 : 몇 시에 학교에 가요?

피터 : **오전 아홉 시**에 학교에 가요.

안나 : 몇 시에 밥을 먹어요?

피터 : **오후 한 시**에 밥을 먹어요.

☑ **발음**
- 몇 시 [며 씨]
- 여덟 시예요 [여덜 씨예요]

☑ **어휘**
- 몇 시 what time
- 밥 cooked rice   · 지금 now
- 오전 morning, a.m.   · 오후 afternoon, p.m.

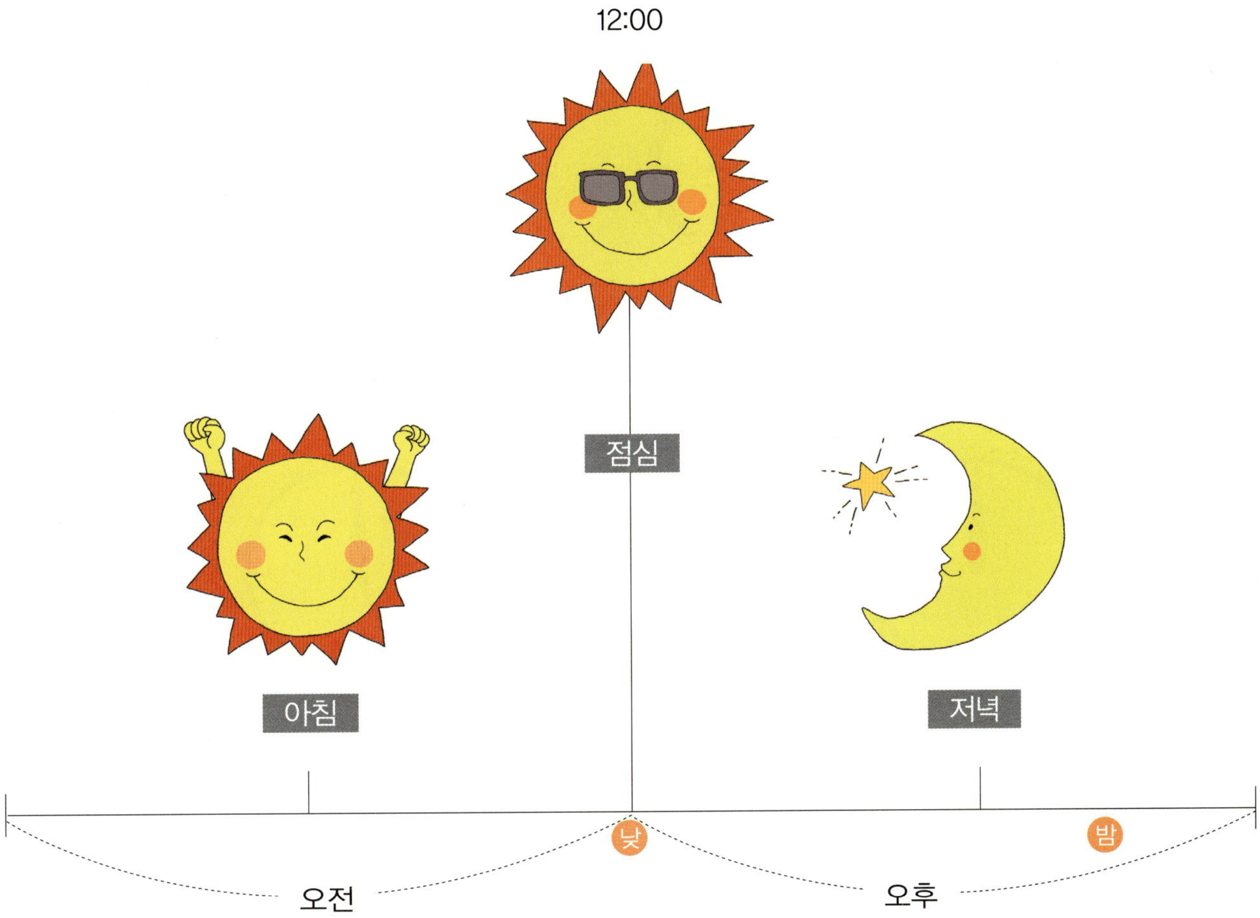

12:00

점심

아침

저녁

낮

밤

오전

오후

12:00	1:00	2:00	3:00	4:00	5:00	6:00	7:00	8:00	9:00	10:00	11:00	12:00	1:00	2:00	3:00	4:00	5:00	6:00	7:00	8:00	9:00	10:00	11:00
열두 시	한 시	두 시	세 시	네 시	다섯 시	여섯 시	일곱 시	여덟 시	아홉 시	열 시	열한 시	열두 시	한 시	두 시	세 시	네 시	다섯 시	여섯 시	일곱 시	여덟 시	아홉 시	열 시	열한 시

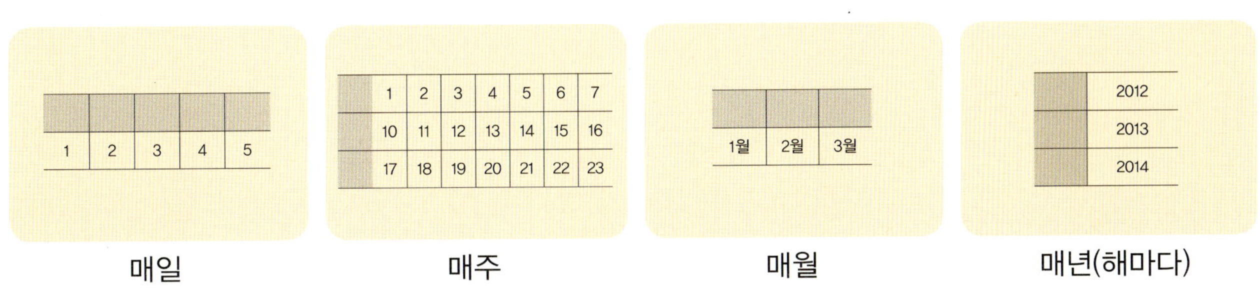

매일　　　　매주　　　　매월　　　　매년(해마다)

문법 Grammar   **01. 몇 시예요** What time is it

▶연습문제 1 : ~ 시예요

보기

세 시예요.

1) _______________________________

2) _______________________________

3) _______________________________

4) _______________________________

시 (time)와 시간 (hour)
'시' indicates the unit of time, while '시간' denotes interval from one point of time to another point of time in Korean language.

보기

몇 시예요?
두 시 삼십 분이에요.

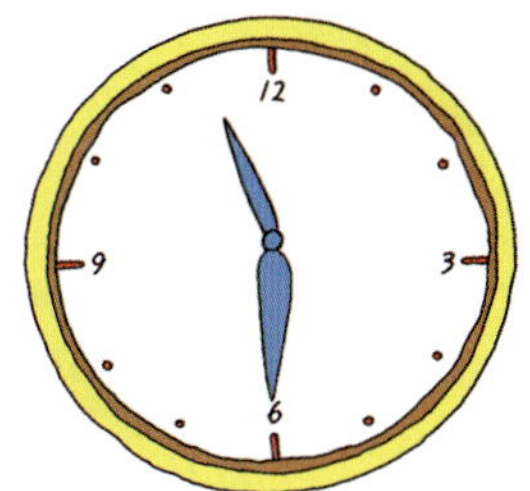

1) ________________________?

________________________.

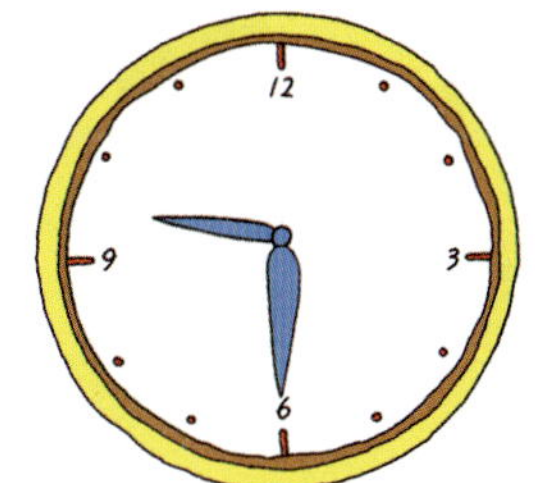

2) ________________________?

________________________.

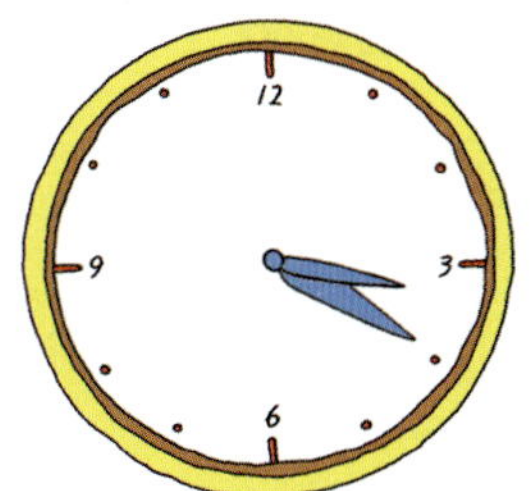

3) ________________________?

________________________.

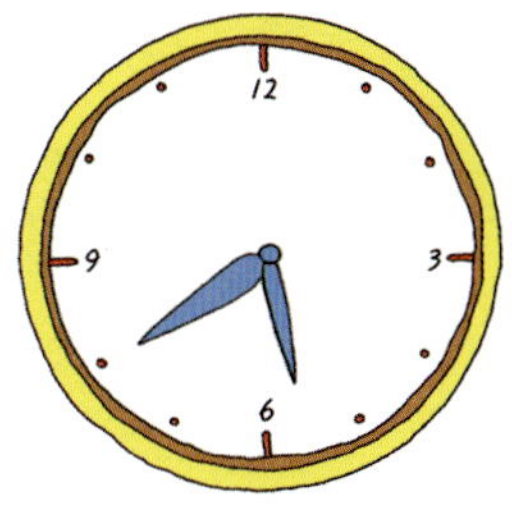

4) ________________________?

________________________.

▶연습문제 3

보기

몇 시예요?
열두 시예요.

1) 가 : 몇 _________________________ ?
   나 : _________________________ .

2) 가 : 몇 _________________________ ?
   나 : _________________________ .

3) 가 : 몇 _________________________ ?
   나 : _________________________ .

4) 가 : 몇 _________________________ ?
   나 : _________________________ .

▶연습문제

보기  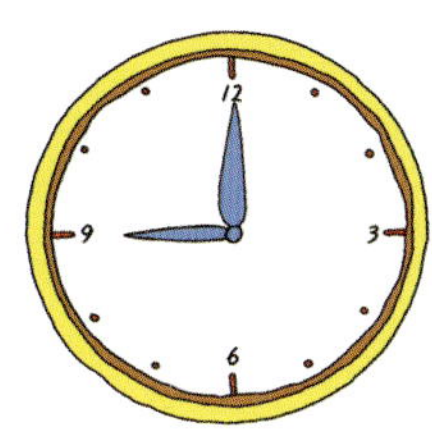

아홉 시에 학교에 가요.

1) ___________________________ .

2) ___________________________ .

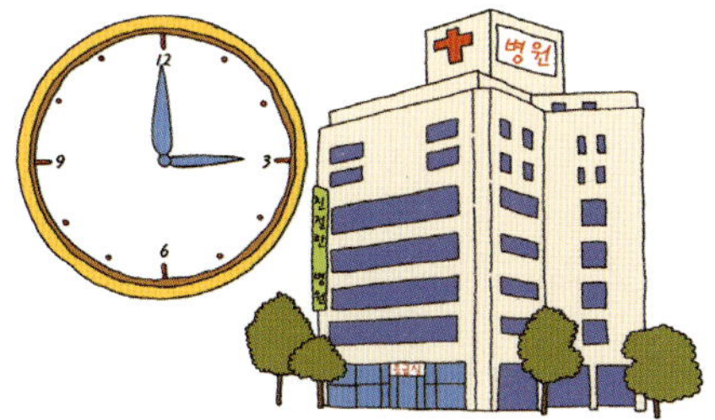

3) ___________________________ .

4) ___________________________ .

듣기 listening

 다음을 듣고 알맞은 것을 고르십시오.

01 ① 지금　② 지근　③ 치금　　**02** ① 오후　② 어후　③ 우호

03 ① 몇 치　② 몇 시　③ 머 씨　　**04** ① 우전　② 우천　③ 오전

05 ① 전심　② 점심　③ 첨심

 다음을 듣고 질문에 답하십시오.

06 지금 몇 시예요?

　① 오전 10시　　② 오전 12시　　③ 오후 2시　　④ 오후 10시

07 피터는 몇 시에 운동을 했어요?

　① 오전 10시　　② 오전 12시　　③ 오후 2시　　④ 오후 10시

08 안나 씨는 오후에 무엇을 해요?

　① 밥을 먹어요.　　② 커피를 마셔요.　　③ 수영을 해요.　　④ 잠을 자요.

 다음을 듣고 알맞은 것을 쓰십시오.

09 안나 : 점심에 (　　　　　) 했어요?

　　　피터 : (　　　　　) 밥을 먹고 커피를 (　　　　　).

10 피터 : 안나 씨는 (　　　　) 무엇을 해요?

　　　안나 : (　　　) (　　　　　) 해요.

☑ **어휘**
- 커피 coffee

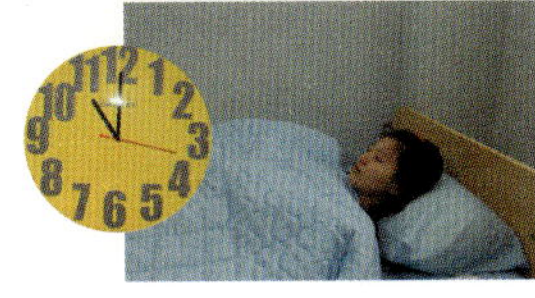

나의 하루

아침 7시에 일어났습니다.
7시 30분까지 씻었습니다.
8시에 아침을 먹었습니다.
8시 30분에 버스를 탔습니다.
9시에 수업을 시작했습니다.
12시에 수업이 끝났습니다.
그리고 점심을 먹었습니다.
오후 1시에 도서관에 갔습니다.
4시에 운동을 했습니다.
저녁 6시에 저녁을 먹었습니다.
8시에 컴퓨터를 했습니다.
9시에 숙제를 하고
일기를 썼습니다.
밤 11시에 잠을 잤습니다.

01~04 맞으면 ○ 틀리면 × 하십시오.

01 나는 8시에 아침을 먹고 학교에 갔습니다. (   )

02 1시에 점심을 먹었습니다. 그리고 수업을 다시 시작했습니다. (   )

03 저녁에 숙제를 했습니다. 그리고 9시에 쉬었습니다. (   )

04 밤 10시에 텔레비전을 봤습니까? (   )

05~06 알맞은 것을 고르십시오.

05 언제 운동을 했습니까?
① 8:30　　　② 1:00　　　③ 4:00　　　④ 6:00

06 무엇을 안 했습니까?
① 운동을 하다　　　② 도서관에 가다　　　③ 숙제를 하다　　　④ 친구를 만나다

07 알맞은 것을 쓰십시오.

07 몇 시에 잠을 잤습니까?

활동 activity   시계 빙고게임

- 빙고 판에 교사가 이야기 하는 시간을 씁니다.
- 한 명씩 돌아가면서 시간을 말합니다.
- 가로, 세로, 대각선 3줄이 완성되면 '빙고!'를 외칩니다.

①		③
5시	7시	3시
11시	1시	10시
6시	2시	12시

01~05   1. 지금   2. 오후   3. 몇 시   4. 오전   5. 점심

06~08

안나 : 지금 몇 시예요?

피터 : 오후 두 시예요.

안나 : 몇 시에 운동을 했어요?

피터 : 오전 열 시에 운동을 했어요.

안나 : 점심에 무엇을 했어요?

피터 : 열두 시에 밥을 먹고 커피를 마셨어요.

    안나 씨는 오후에 무엇을 해요?

안나 : 저는 수영을 해요.

09~10

9.   안나 : 점심에 (무엇을) 했어요?

    피터 : (열두 시에) 밥을 먹고 커피를 (마셨어요).

10. 피터 : 안나 씨는 (오후에) 무엇을 해요?

    안나 : (저는) (수영을) 해요.

Tip   분, 초

일 (1)		십오 (15)	
이 (2)		이십 (20)	
삼 (3)		이십오 (25)	
사 (4)		삼십 (30)	
오 (5)		삼십오 (35)	
육 (6)	분, 초	사십 (40)	분, 초
칠 (7)		사십오 (45)	
팔 (8)		오십 (50)	
구 (9)		오십오 (55)	
십 (10)			
십일 (11)			
십이 (12)			

터 미 널
어디에 갈 거예요?

14

어디에 갈 거예요?

어디에 갈 거예요?

안나 : 장진 씨, 방학에 어디에 갈 거예요?

장진 : 베이징에 갈 거예요.

　　　안나 씨, 대전에서 인천공항까지 얼마나 걸려요?

안나 : 대전에서 인천공항까지 **버스**로 3시간 걸려요.

☑ **발음**

- 갈 거예요 [갈 꺼예요]
- 대전에서 [대저네서]

☑ **어휘**

- 얼마나 How long~
- 걸리다 to take(time)
- 공항 airport

교통수단 　어떻게 가요?

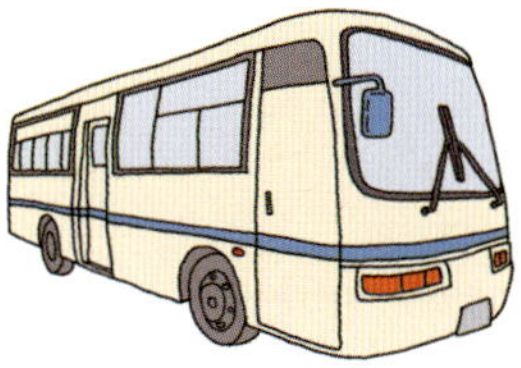

버스	택시	자가용
오토바이	자전거	지하철
배	비행기	기차(KTX)

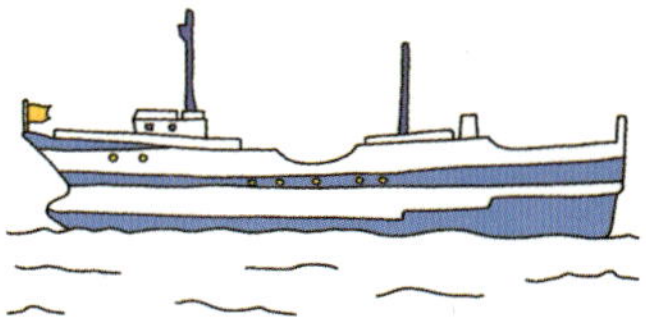

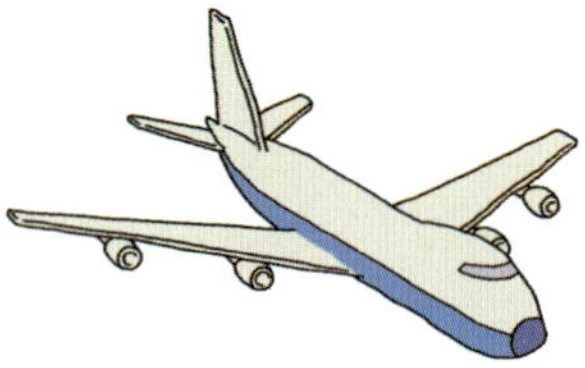

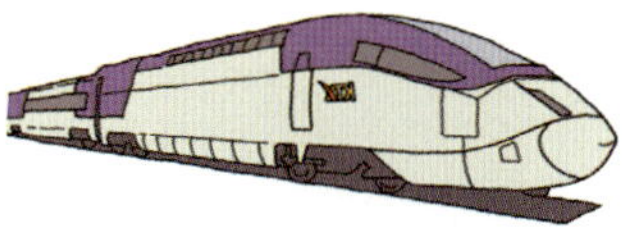

문법 Grammar 　01. V–(으)ㄹ 거예요 　Will / be going to V

V	받침 ○	–을 거예요	먹다 + 을 거예요 → 먹을 거예요 읽다 + 을 거예요 → 읽을 거예요 ★듣다 + 을 거예요 → 들을 거예요
	받침 ×	–ㄹ 거예요	가다 + ㄹ 거예요 → 갈 거예요 보다 + ㄹ 거예요 → 볼 거예요

▶ 연습문제 1

타다 ➜ <u>버스를 탈 거예요.</u>

1) 먹다 ➜ ________________________ .

2) 자다 ➜ ________________________ .

3) 공부하다 ➜ ________________________ .

4) 가다 ➜ ________________________ .

보기

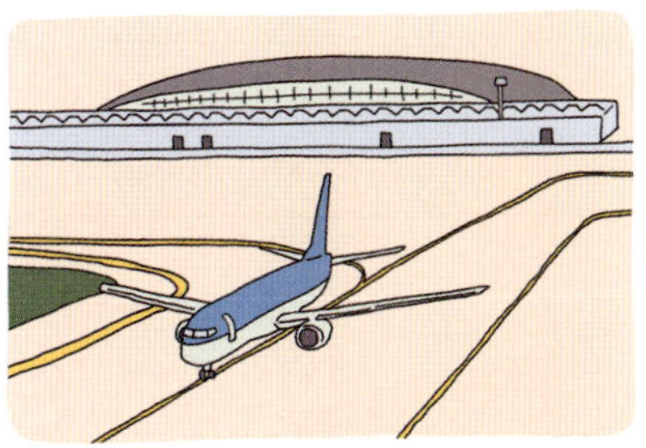

인천공항 / 비행기 / 타다
<u>인천공항에서 비행기를 탈 거예요.</u>

1) 학교식당 / 밥 / 먹다

➡ ________________________ .

2) 기숙사 / 잠 / 자다

➡ ________________________ .

3) 도서관 / 책 / 읽다

➡ ________________________ .

4) 방 / 청소하다

➡ ________________________ .

V/A-(으)ㄹ 거예요

'～ㄹ 거예요' is attached after the verb stem when the verb stem ends in a vowel, and '～을 거예요' is used after the verb stem when the verb stem ends in a consonant. '－ㄹ/을 거예요' indicates future tense or the speaker's supposition or will.

02. N에서 N까지 from N (place/origin) to N (place/destination)
N₁에서 N₂까지 from N₁(time) to N₂(time)

▶연습문제

1) __________ 에서 __________ 까지

2) __________ 에서 __________ 까지

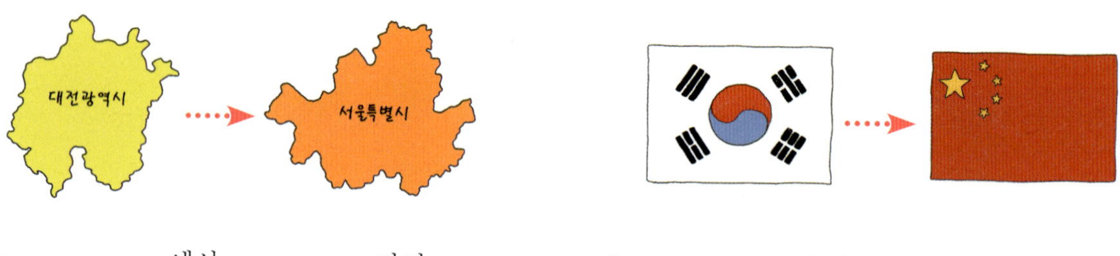

3) __________ 에서 __________ 까지

4) __________ 에서 __________ 까지

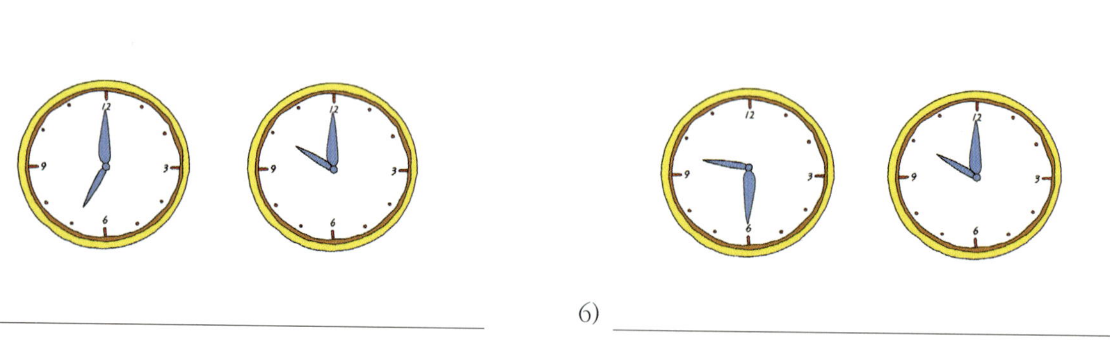

5) __________________________________

6) __________________________________

▶연습문제

교실에서 기숙사까지
오 분 걸려요.

1) 학교 _________ 마트 ____________

______________________________ .

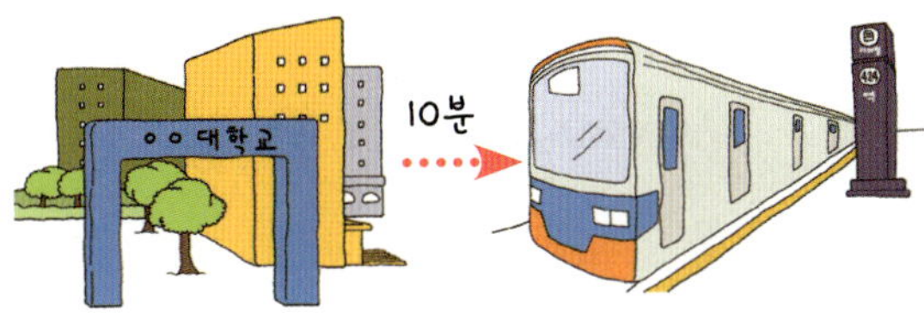

2) 학교 _________ 지하철역 _________

______________________________ .

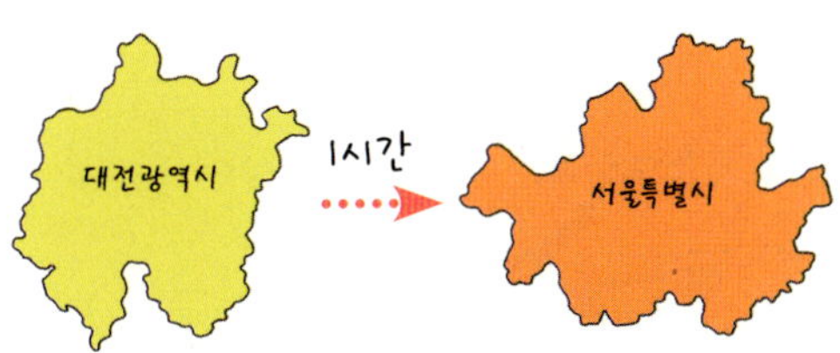

3) ______________________________

______________________________ .

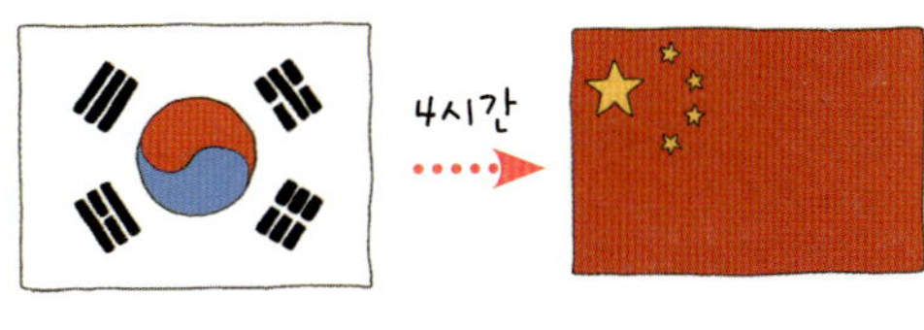

4) ______________________________

______________________________ .

N₁에서(부터) N₂까지

'N₁에서(부터) N₂까지' is used to indicate the beginning of a place or time and the end of a different place or time.

04. **N(으)로 얼마나 걸려요?** How long does it take by N (transportation)?
N(으)로 N(시간) 걸려요. It takes N(time)

▶ 연습문제 1

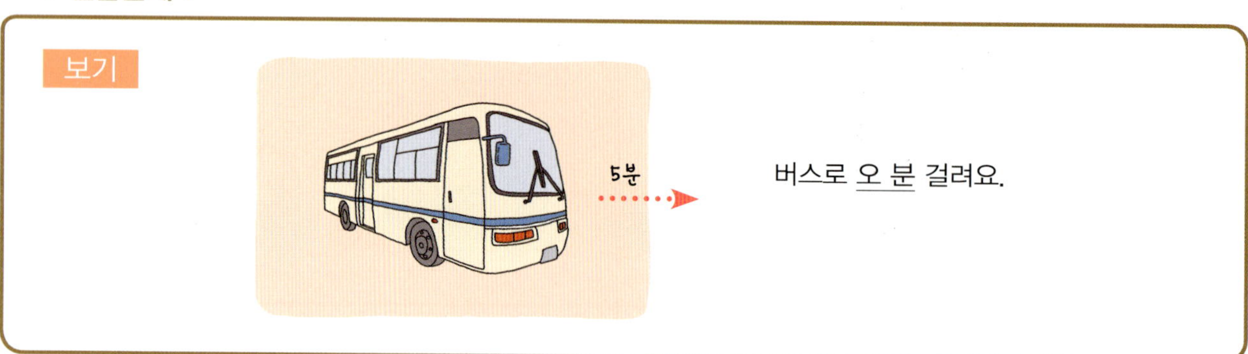

1) 택시로 _______________ 걸려요.

2) 지하철로 _______________ 걸려요.

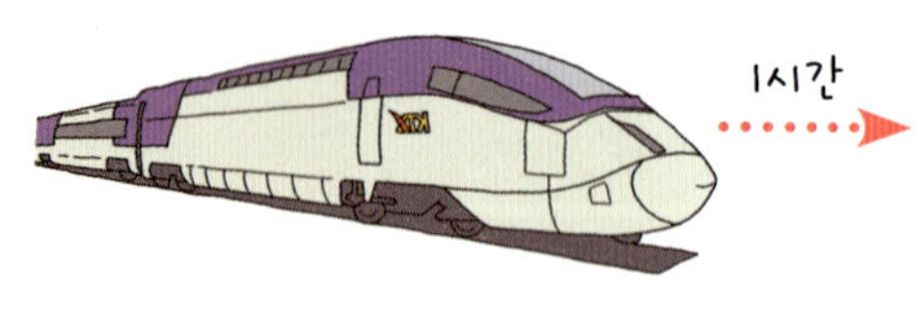

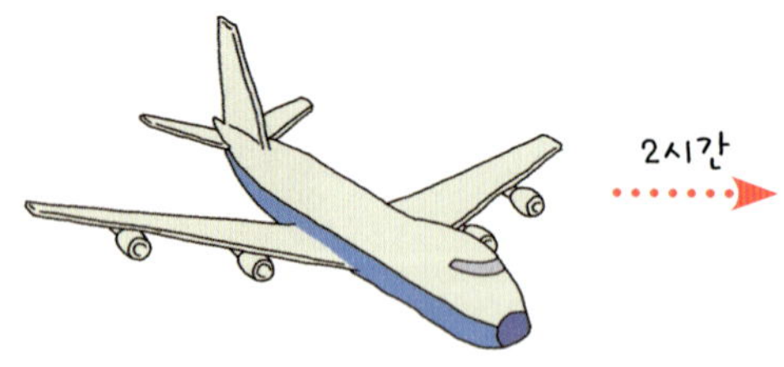

3) _______________________________.

4) _______________________________.

N(으)로

'–으로' is used after the noun ending in a consonant except 'ㄹ', and '–로' is used after the noun ending in a vowel. This particle is used to indicate means or method, and direction or destination.

보기

가 : 학교에서 마트까지 <u>버스로 얼마나</u> 걸려요?
나 : <u>학교에서 마트까지 버스로 오 분 걸려요</u>.

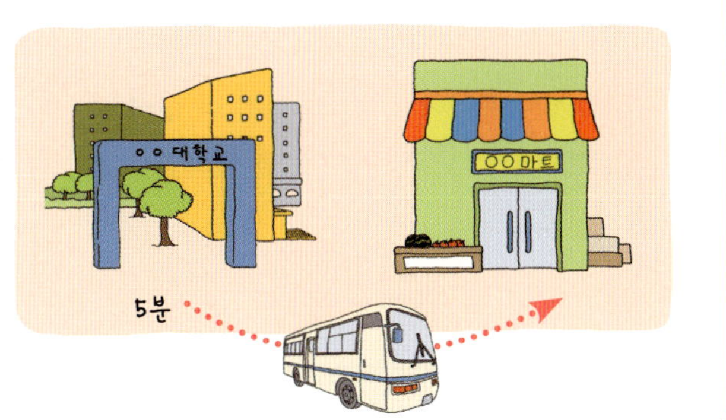

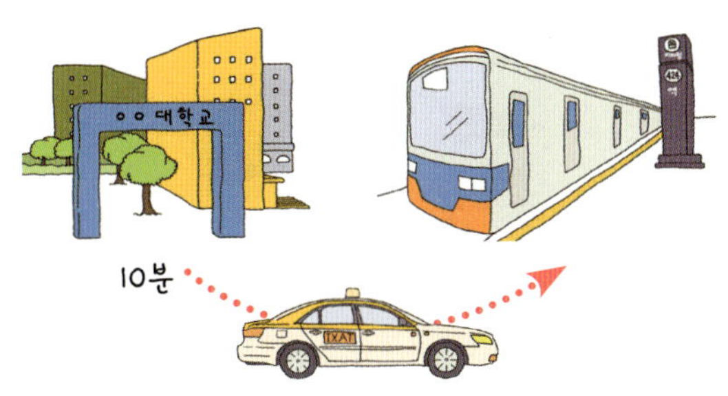

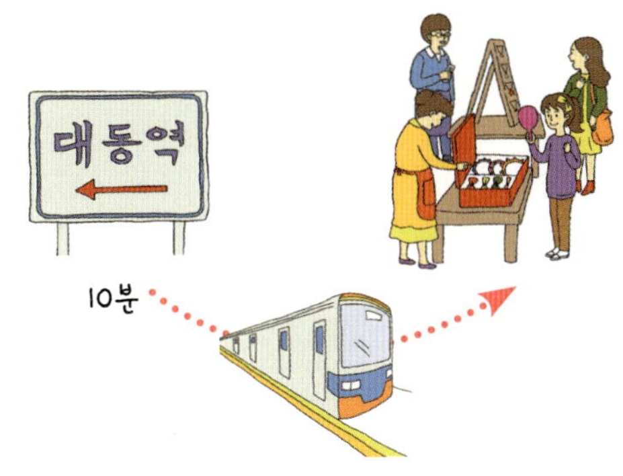

1) 가 : 학교에서 지하철역까지 _________걸려요?

   나 : ______________________________.

2) 가 : 대동역에서 은행동까지 _________걸려요?

   나 : ______________________________.

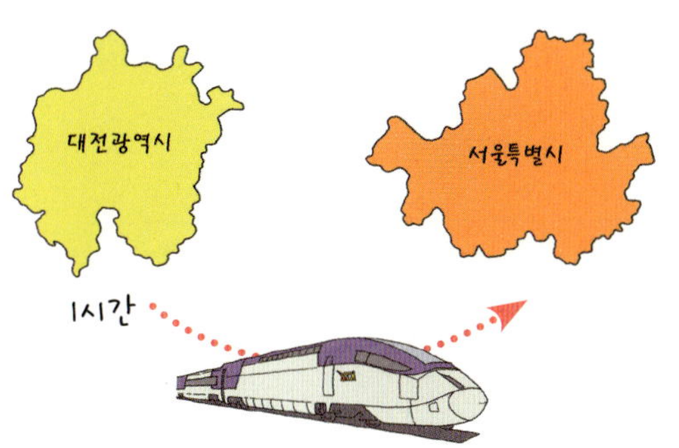

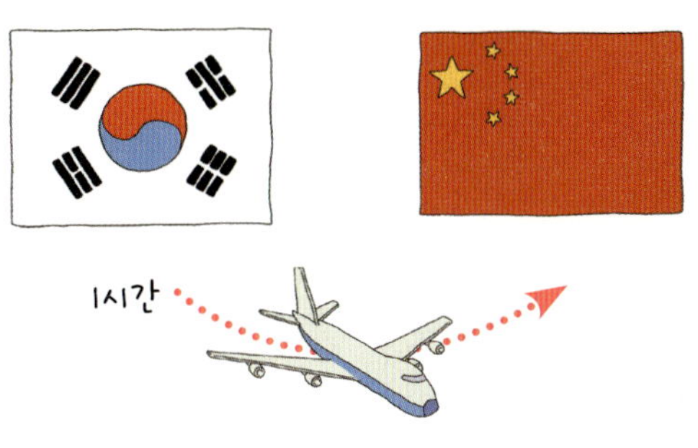

3) 가 : ______________________________?

   나 : ______________________________.

4) 가 : ______________________________?

   나 : ______________________________.

▶연습문제 3

보기

가 : 서울에서 부산까지 버스로 얼마나 걸려요?
나 : <u>서울에서 부산까지 버스로 네 시간 50분쯤 걸려요.</u>

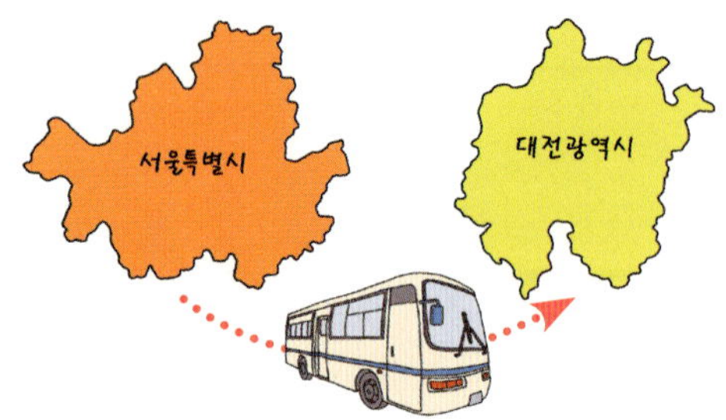

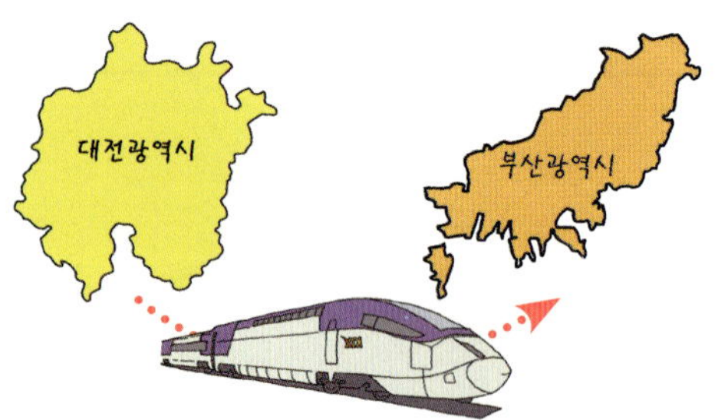

1) 가 : 서울에서 대전까지 버스로 얼마나 걸려요?

_______________________________.(2시간)

2) 가 : 대전에서 부산까지 ______ 얼마나 걸려요? (KTX)

_______________________________.(1시간 40분)

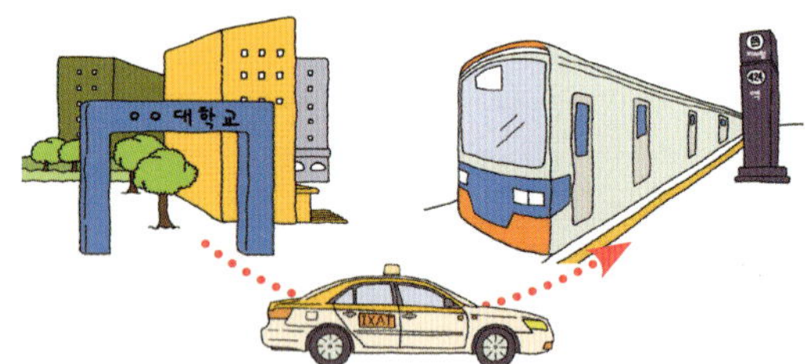

3) 학교 / 지하철역 / 택시 / 얼마나 / 걸리다

_______________________________?

_______________________________.

4) 학교 / 버스정류장 / 걷다(걸어서) / 얼마나 걸리다

_______________________________?

_______________________________.

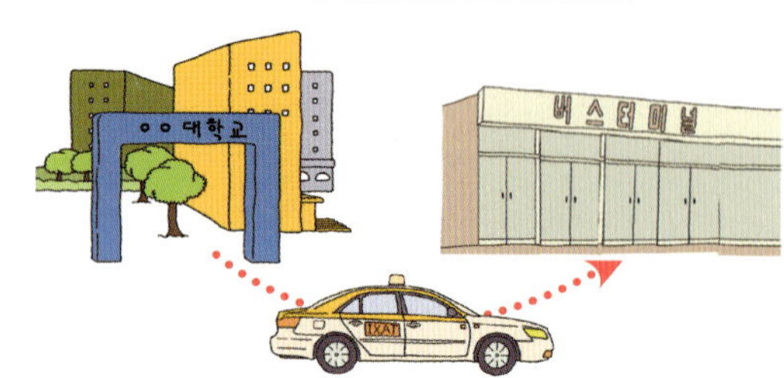

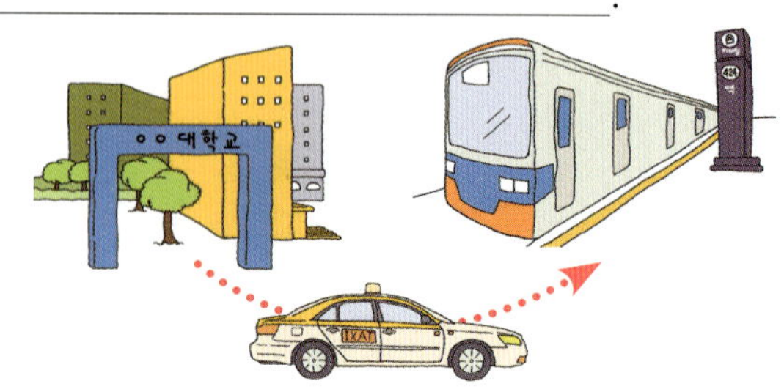

5) 학교 / 터미널 / 택시 / 얼마나 / 걸리다

_______________________________?

_______________________________.

6) 학교 / 기차역 / 택시 / 얼마나 걸리다

_______________________________?

_______________________________.

01~05 다음을 듣고 알맞은 것을 고르십시오.

01　① 추말　② 주몰　③ 주말　　　　**02**　① 갈 거예요　② 갈 거에요　③ 깔 거예요

03　① 처음　② 저음　③ 처엄　　　　**04**　① 엄마나　② 올마나　③ 얼마나

05　① 택시　② 댁시　③ 택치

06~08 다음을 듣고 질문에 답하십시오.

06　장진 씨는 주말에 어디에 갈 거예요?
　① 학교　　　　② 오월드　　　　③ 백화점　　　　④ 영화관

07　학교에서 오월드까지 버스로 얼마나 걸려요?
　① 20분　　　　② 35분　　　　③ 50분　　　　④ 1시간

08　학교에서 오월드까지 택시로 얼마나 걸려요?

____

09~10 다음을 듣고 알맞은 것을 쓰십시오.

09　장진 : 오늘 무엇을 할 거예요?
　　　이유 : (　　　　　) (　　　　　　　　　　).

10　이유 : 학교에서 오월드까지 (　　　　) (　　　　)?
　　　장진 : 학교에서 오월드까지 (　　　　) (　　　　) 걸려요.

☑ **어휘**
• 주말 weekend
• 오월드 O- world
(The zoo in Daejeon)
• 쯤 about

읽기 reading

휴가 계획

　제주도는 섬입니다. 제주도는 아름답습니다. 저는 이번 주말에 비행기로 제주도에 갈 것입니다. 김포공항에서 제주공항까지 비행기로 한 시간 걸립니다. 친구들하고 같이 갈 것입니다.

　제주도에서 해수욕장에 갈 것입니다. 그리고 제주도 민속박물관에도 갈 것입니다. 제주도 흑돼지구이와 갈치구이도 먹을 것입니다. 그리고 한라산에도 갈 것입니다.

01~04 맞으면 ○ 틀리면 × 하십시오.

01 제주도는 섬입니다. (　　　　)

02 다음 주에 제주도에 갑니다. (　　　　)

03 제주도에서 해수욕장에 갈 것입니다. (　　　　)

04 제주도에서 갈치를 살 것입니다 (　　　　)

05 친구들에게 여행을 제안하고 싶습니다. 어떻게 계획할 수 있습니까?

언　제 :

어디에 :

누구와 :

무엇을 :

☑ **어휘**
- 섬 island
- 해수욕장 beach ; bathing resor
- 민속박물관 a folk museum
- 흑돼지구이 roast pork(the meat of black pig)
- 갈치구이 roast cutlassfish
- 한라산 Hallasan

무엇을 타고 어디에 가는지 말하기

– 어디에 갑니까?/ 어떻게 갑니까?/ 얼마나 걸립니까? 그림을 보고 문장을 만드십시오.

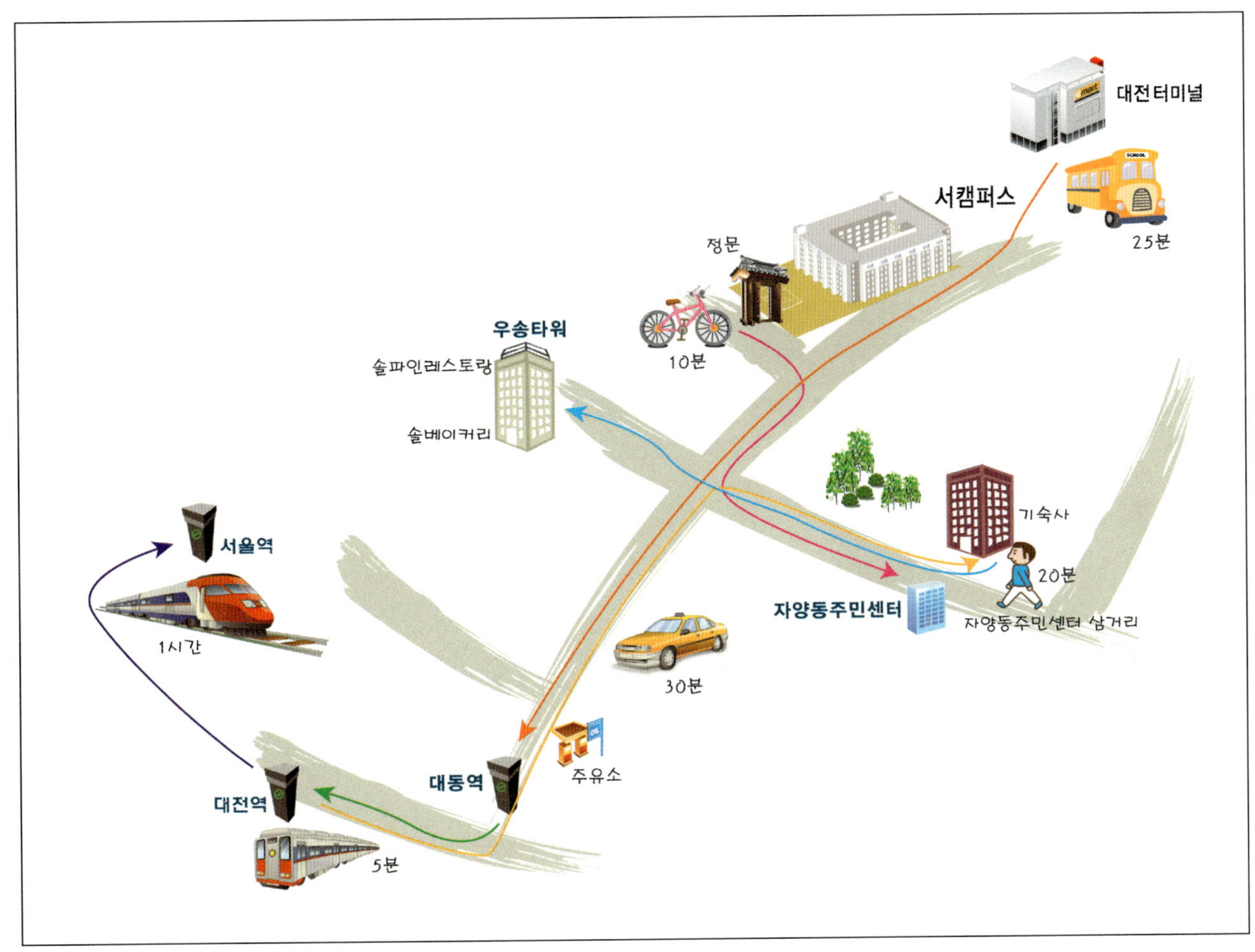

듣기 대본 listening scripts

01~05 1. 주말 2. 갈 거예요 3. 처음 4. 얼마나 5. 택시

06~08

이유 : 장진 씨, 주말에 오월드에 갈 거예요?

장진 : 네, 갈 거예요. 이유 씨는요?

이유 : 네, 저도 갈 거예요. 저는 오월드에 처음 가요.

장진 : 그래요?

이유 : 학교에서 오월드까지 얼마나 걸려요?

장진 : 학교에서 오월드까지 버스로 50분 걸려요. 택시로 35분쯤 걸려요.

09~10

9.　장진 : 오늘 무엇을 할 거예요?

　　이유 : (오월드에) (갈 거예요).

10.　이유 : 학교에서 오월드까지 (얼마나) (걸려요)?

　　장진 : 학교에서 오월드까지 (택시로) (35분쯤) 걸려요.

01~05 장진 씨의 어제 일과입니다. 대화를 완성하십시오.

장진 씨가 몇 시에 일어났습니까? <u>일곱 시에 일어났습니다</u>.

01 장진 씨가 몇 시에 아침을 먹었습니까? ___________________________.

02 장진 씨가 몇 시에 친구를 만났습니까? ___________________________.

03 장진 씨가 몇 시에 운동을 했습니까? ___________________________.

04 장진 씨가 몇 시에 신문을 읽었습니까? ___________________________.

05 장진 씨가 몇 시에 출근을 했습니까? ___________________________.

06~08 알맞은 말을 쓰십시오.

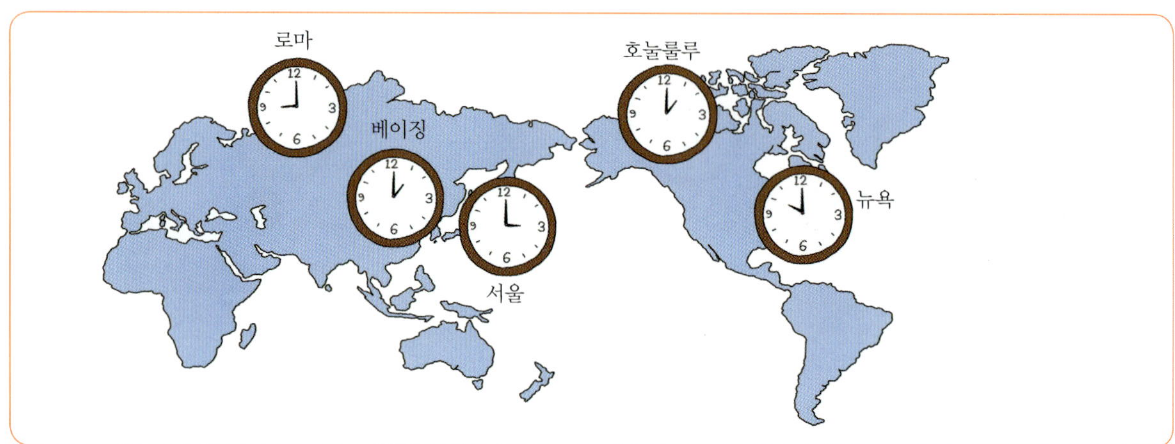

서울은 세 시입니다.

06 베이징은 ________________________

07 로마는 ________________________.

08 뉴욕은 ________________________.

09~10 알맞은 말을 쓰십시오.

09

> 가 : 집에서 학교(　　　) 두 시간 걸려요.
> 나 : 그래요? 정말 힘들겠어요.

① 부터　　　② 에는　　　③ 이　　　④ 까지

10

> 가 : 실례합니다. 백화점에 어떻게 갑니까?
> 나 : 백화점 버스가 있습니다. 저기에서 버스를 타십시오.
> 가 : 버스(　　　) 얼마나 걸립니까?
> 나 : 5분 걸립니다.

① 으로　　　② 로　　　③ 부터　　　④ 까지

 한국의 주요도시

서울특별시
춘천시
인천광역시
대전광역시
경주시
광주광역시
대구광역시
울산광역시
부산광역시
인천
서울
춘천
대전
경주
대구
울산
부산
광주

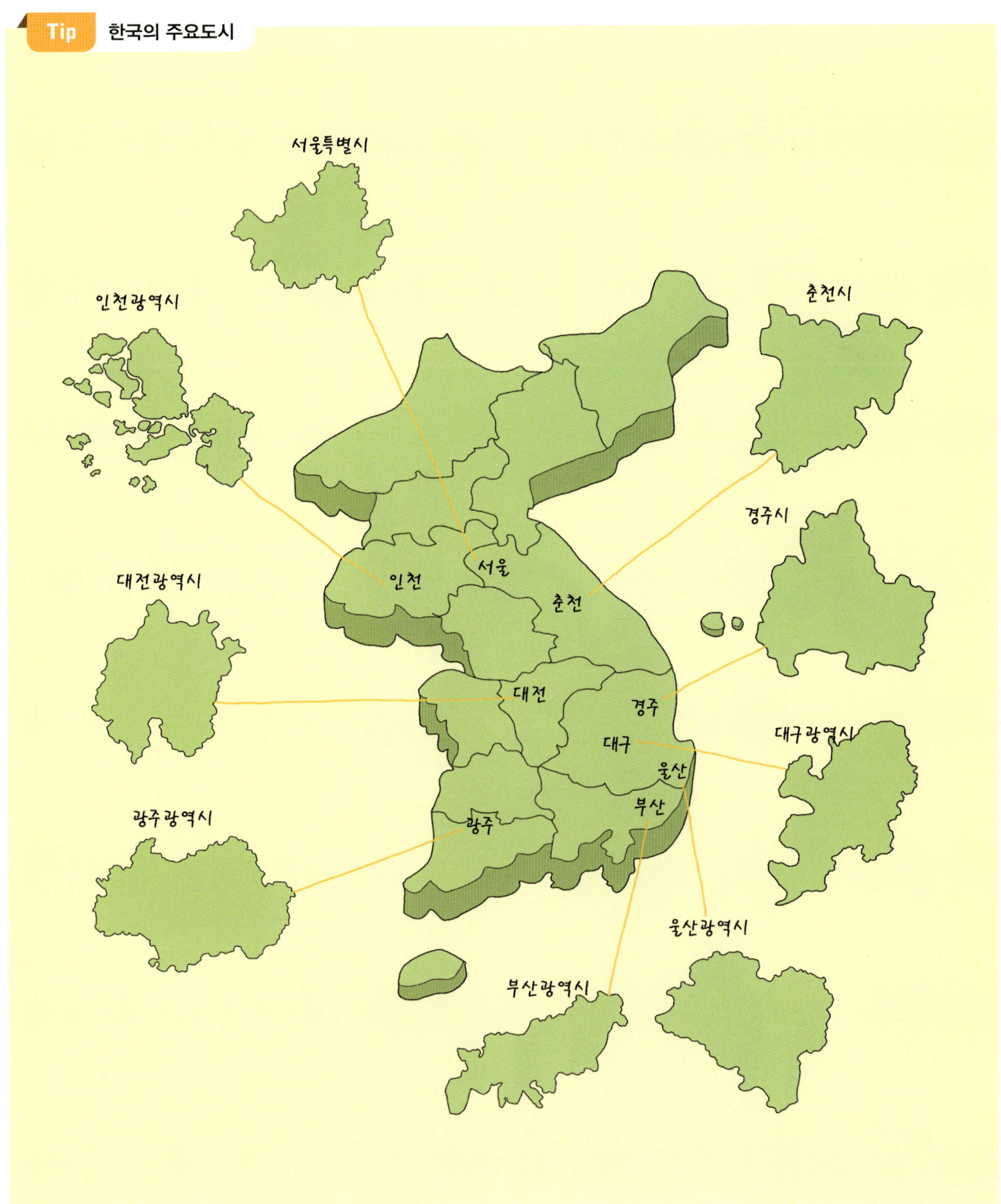

이 옷이 어때요?
예뻐요.

15

이 웃이 어때요?

학습목표 | 여러 가지 형용사를 활용해서 질문에 대답할 수 있다.

이 옷이 어때요?

진진 : 이유 씨, 이 **옷이** 어때요?

이유 : 정말 **예뻐요**.

　　　 어디에서 그 **옷을** 샀어요?

진진 : 은행동에 가서 샀어요.

이유 : 그래요? 가격은 어때요? 비싸요?

진진 : 비싸지 않아요. 그리고 주인아저씨도 친절해요.

　　　 가격도 많이 깎아 주셨어요.

☑ **발음**
- 옷이 [오시]

☑ **어휘**
- 정말 really
- 친절하다 to be kind
- 깎아주다 to take off, to bargain

예쁘다
멋있다
뚱뚱하다
날씬하다
맛있다
맛없다
재미있다
재미없다
좋다
싫다
기쁘다
슬프다
바쁘다
아프다
깨끗하다
더럽다

문법 Grammar   01. N이/가 어때요?   How is N?

▶ 연습문제 1

보기

가 : 머리가 어때요? (길다)
나 : <u>머리가 길어요.</u>

1) 가 : 방이 어때요? (깨끗하다)

    나 : _______________________.

2) 가 : 이 바지가 어때요? (짧다)

    나 : _______________________.

3) 가 : 비빔밥이 어때요? (맛있다)

    나 : _______________________.

4) 가 : 기분이 어때요? (좋다)

    나 : _______________________.

보기

가 : 날씨가 어때요? (춥다, 눈이 오다)
나 : <u>춥고 눈이 와요</u>.

1) 가 : 한국어 공부가 어때요? (쉽다, 재미있다)
   나 : ____________________________.

2) 가 : 이 학생은 어때요? (날씬하다, 예쁘다)
   나 : ____________________________.

3) 가 : 곰이 어때요? (귀엽다, 뚱뚱하다)
   나 : ____________________________.

4) 가 : 포도가 어때요? (싸다, 맛있다)
   나 : ____________________________.

02. 예쁘다 ➡ 예뻐요. ('으' 불규칙 활용) '으'irregular conjugation

▶**연습문제**

보기

꽃이 <u>예뻐요</u>.
(예쁘다)

1) 책상에서 편지를 _______________.
(쓰다)

2) 가방이 정말 _______________.
(크다)

3) 머리가 _______________.
(아프다)

4) 일이 많아요. 그래서 _______________.
(바쁘다)

'으' 탈락('으'불규칙 활용)

When the stem of a verb or an adjective ends in '으' and the next syllable begins with a vowel such as −아요/ 어요, '으' is omitted

▶ **연습문제 1**

보기

영화관에 <u>가서</u> 영화를 봐요.

1) 야구장에 ___________ 야구를 해요.

2) 공원에 ___________ 산책해요.

3) _______________________________.

4) _______________________________.

V/A-아/어서

'-아서' is used when the final vowel of a verb or an adjective stem ends in 'ㅏ or ㅗ', and when the final vowel of a verb or an adjective stem is a vowel other than 'ㅏ or ㅗ', 어요 is added. '-아서/어서' is used to express that the action of the second clause occurs after the action of the first clause in sequence. '-아서/어서' are mainly used with '가다, 오다, 내리다, 일어나다, 만나다, 만들다'.

▶연습문제 2

1) 아침 7시에 ＿＿＿＿＿＿＿＿＿

＿＿＿＿＿＿＿＿＿＿＿＿＿＿＿.

2) 지난주 은행동에 ＿＿＿＿＿＿＿

＿＿＿＿＿＿＿＿＿＿＿＿＿＿＿.

3) 오전에 ＿＿＿＿＿＿＿＿＿＿

＿＿＿＿＿＿＿＿＿＿＿＿＿.

4) 어제 ＿＿＿＿＿＿＿＿＿＿＿

＿＿＿＿＿＿＿＿＿＿＿＿＿.

04. 그러면 S if so S

▶연습문제

1) 방이 더러워요? ＿＿＿＿＿청소를 해요.

2) 맛있어요? ＿＿＿＿＿＿ 더 먹어요.

3) 영화가 재미있어요. ＿＿＿＿영화관에 ＿＿＿＿＿＿＿.

4) 날씨가 좋아요. ＿＿＿＿공원에 ＿＿＿＿＿＿＿＿.

그러면
'그러면' is used when combining two sentences. '그러면' is used when the first sentence indicates condition of the second sentence, or when presenting a new point about the first sentence. '그러면' is mainly followed by expressions indicating suggestion, command, or request.

01~05 다음을 듣고 알맞은 것을 고르십시오.

01 ① 어때요 ② 으때요 ③ 어태요   **02** ① 정말 ② 전말 ③ 증말

03 ① 에뻐요 ② 예뻐요 ③ 예쁘여   **04** ① 카서 ② 가서 ③ 가소

05 ① 많아요 ② 마너요 ③ 만나요

06~08 다음을 듣고 질문에 답하십시오.

06 백화점에 가서 무엇을 샀어요?
　① 물건　　　　　② 옷　　　　　③ 식당　　　　　④ 버스

07 백화점까지 버스로 얼마나 걸려요?
　① 세 시간　　　　② 삼십 분　　　③ 사십 분　　　④ 한 시간

08 백화점이 어때요?

　____

09~10 다음을 듣고 알맞은 것을 쓰십시오.

09 프엉 : 어디에서 그 옷을 (　　　　　)?
　　　이유 : (　　　　) 에 가서 이 옷을 (　　　　).

10 장진 : 백화점 (　　　　　)?
　　　안나 : 아주 좋아요. 하지만 좀 (　　　　).

> ☑ **어휘**
> • 물건 article; goods
> • 좀 a bit; a little; a few
> • 멀다 far; distant

읽기 reading

백화점 쇼핑

　지난 주말에 남자 친구와 함께 백화점에 갔습니다. 학교에서 백화점까지 지하철로 40분쯤 걸립니다. 시청역에서 내려서 백화점에 갔습니다.

　백화점에서 옷을 샀습니다. 옷이 아주 예뻤습니다. 하지만 옷이 너무 비쌌습니다. 백화점 직원이 말했습니다."10만 원 이상 사요. 그러면 상품권을 받습니다." 나와 남자 친구는 기분이 좋았습니다. 나는 옷을 사고 상품권을 받았습니다. 남자 친구도 구두를 사고 상품권을 받았습니다. 남자 친구의 구두가 아주 멋있었습니다.

01~04　맞으면 ○ 틀리면 × 하십시오.

01　지난 주말에 남자 친구와 백화점에 갔습니다. (　　　)

02　시청역에서 지하철을 타고 백화점에 갔습니다. (　　　)

03　백화점에서 가방을 사고 상품권을 받았습니다. (　　　)

04　남자 친구는 옷은 사지 않고 구두를 샀습니다. (　　　)

05　알맞은 것을 쓰십시오.

05　학교에서 백화점까지 지하철로 얼마나 걸립니까?

____

06　알맞은 것을 고르십시오.

06　위 글과 다른 것을 고르십시오.
　① 시청역에서 백화점까지 걸었습니다.　② 옷이 싸지 않았습니다.
　③ 남자친구의 구두가 멋있습니다.　④ 저만 상품권을 받았습니다.

☑ **어휘**
- 중 of; among; in　• 제일 the first; number one; the most important
- 직원 employee　• 그러면 if so　• 상품권 gift card　• 받다 to receive
- 기분 (a) feeling　• 만 only

– 형용사를 연결하여 문장을 만듭니다.
– 장소 카드와 동사 카드를 선택하여 문장을 만듭니다.
– 팀원들이 각자 문장을 만듭니다. 모든 팀원이 제일 빨리 문장을 만든 팀이 우승합니다.

듣기 대본 listening scripts

01~05 1. 어때요 2. 정말 3. 예뻐요 4. 가서 5. 많아요

06~08

이유 : 투안 씨, 이 옷이 어때요?

투안 : 정말 예뻐요. 어디에서 그 옷을 샀어요?

이유 : 백화점에 가서 이 옷을 샀어요.

투안 : 백화점 어때요?

이유 : 물건이 많아요. 아주 좋아요. 하지만 좀 멀어요.

투안 : 버스로 얼마나 걸려요?

이유 : 30분쯤 걸려요.

09~10

9.   프엉 : 어디에서 그 옷을 (샀어요)?

이유 : (백화점에) 가서 이 옷을 (샀어요).

10.   장진 : 백화점 (어때요)?

안나 : 아주 (좋아요). 하지만 좀 (멀어요).

Tip　동물 (12간지)

子
쥐
丑
소
寅
호랑이
卯
토끼
辰
용
巳
뱀
午
말
未
양
申
원숭이
酉
닭
戌
개
亥
돼지

饮食垃圾

16

요리할 수 있어요.

요리할 수 있어요?

장진 : 이유 씨, 기숙사에서 **요리할** 수 있어요?

이유 : 네, 유학생 기숙사에 가면 **요리할** 수 있어요.

　　　 무슨 요리를 할 거예요?

장진 : 저는 중국 음식을 만들 거예요.

이유 : 음식을 만들면 저도 초대할 거예요?

장진 : 네, 이유 씨도 초대할 거예요.

☑ **발음**

• 할 수 [할 쑤]

☑ **어휘**

• 주방 kitchen, cookroom

• 요리하다 to cook

• 초대하다 to invite

요리하다	 빵을 만들다	 화장을 하다	 통역하다
 피아노를 치다	 기타를 치다	 연극하다	 그림을 그리다
 축구를 하다	 농구를 하다	 스키를 타다	 탁구를 치다

문법 Grammar　01. V-(으)ㄹ 수 있다/없다　Can V / Cannot V

V	받침 ○	-을 수 있다	먹~~다~~ + 을 수 있다 → 먹을 수 있다 읽~~다~~ + 을 수 있다 → 읽을 수 있다 ★듣~~다~~ + 을 수 있다 → 들을 수 있다
	받침 ×	-ㄹ 수 있다	가~~다~~ + ㄹ 수 있다 → 갈 수 있다 보~~다~~ + ㄹ 수 있다 → 볼 수 있다

▶ **연습문제 1**

기숙사 주방에서 <u>요리할 수 있어요</u>.

1) 수영장에서 ______________________.　　2) 노래방에서 ______________________.

3) 공원에서 ______________________.　　4) 도서관에서 ______________________.

보기

기숙사 방에서 요리할 수 없어요.

1) 수영장에서 _________________________.

2) 도서관에서 _________________________.

3) 노래방에서 _________________________.

4) 교실에서 _________________________.

02. V/A–(으)면 V–(으)ㄹ 수 있다/ 없다 If V/A, can V/ can't V

▶연습문제 1

보기

날씨가 좋다 / 산에 가다
날씨가 좋으면 산에 갈 수 있어요.

1) 수업이 끝나다 / 식당에 가다

_______________________.

2) 돈이 많다 / 차를 사다

_______________________.

3) 눈이 오다 / 스키를 타다

4) 시험이 끝나다 / 쉬다

V/A–(으)면

'–면/으면' are used to indicate condition about the second clause or supposition about certain facts. '–으면' is used after the stems of verbs and adjectives ending in a consonant except '르'. '–면' is used after the stems of verbs and adjectives ending in a vowel.

보기

비가 오다 / 산에 가다
<u>비가 오면 산에 갈 수 없어요.</u>

1) 도로에 차가 많다 / 빨리 가다

________________________________.

2) 일이 많다 / 쉬다

________________________________.

3) 다리가 아프다 / 운동하다

________________________________.

4) 도로에 눈이 많다 / 운전하다

________________________________.

듣기 listening

01~05 다음을 듣고 알맞은 것을 고르십시오.

01 ① 빵　　② 팡　　③ 방　　　　**02** ① 과자　　② 가자　　③ 콰자

03 ① 찰　　② 쌀　　③ 살　　　　**04** ① 고러면　　② 구러면　　③ 그러면

05 ① 모글　　② 먹을　　③ 므글

06~08 다음을 듣고 질문에 답하십시오.

06 학교에서 빵과 과자를 살 수 있어요?

____

07 레스토랑은 어디에 있어요?

____

08 레스토랑에서는 무엇을 먹을 수 있어요?

____

09~10 다음을 듣고 알맞은 것을 쓰십시오.

09 프엉 : 투안 씨, 학교에서 빵과 과자를 (　　　　　　　　　　)?
　　　투안 : 네, 학교에 (　　　　) 있어요.

10 프엉 : 레스토랑에 (　　　　) 스테이크를 (　　　　　　　　)?
　　　투안 : 네, 스테이크를 (　　　　　　　　　　).

☑ **어휘**
- 빵 bread
- 빵집 bakery; bakeshop
- 솔파인 레스토랑 Solfine restaurant
- 스테이크 beefsteak

학교 소개

학교에 가면 수영장이 있습니다. 거기에서 수영할 수 있습니다. 그리고 사우나와 목욕탕도 있습니다. 목욕도 할 수 있습니다.
그리고 기숙사 식당에 가면 주방이 있습니다. 주방에서 요리를 할 수 있습니다. 요리해서 같이 먹을 수 있습니다. 학생회관에 가면 솔베이커리 빵집이 있습니다. 거기에서 빵, 과자, 케이크를 사서 먹을 수 있습니다. 13층에는 솔파인 레스토랑이 있습니다. 한식과 스테이크를 먹을 수 있습니다.

01~04 맞으면 ○ 틀리면 ✕ 하십시오.

01 학교에는 빵집이 있습니다. (   )

02 학교에서는 수영은 할 수 있지만 목욕은 할 수 없습니다. (   )

03 기숙사에서는 요리를 할 수 없습니다. (   )

04 학생회관에는 빵집과 레스토랑이 있습니다. (   )

---

05 알맞은 것을 고르십시오.

05 위 글과 같은 것을 고르십시오.

① 학교에서는 사우나를 할 수 없습니다.　　② 우리는 학생회관에서 요리할 수 있습니다.
③ 학생회관에서 한식을 먹을 수 없습니다.　　④ 기숙사에 수영장이 있습니다.

☑ **어휘**
- 사우나 sauna
- 목욕탕 bathhouse; baths
- 목욕하다 to take a bath
- 솔베이커리 Sol-bakerhy
- 케이크 cake
- 한식 Korean food

학교 주변 맛집 멋집

– 친구들에게 묻습니다. "무엇을 먹을 수 있어요?", "무엇을 할 수 있어요?"

01~05 1. 빵 2. 과자 3. 살 4. 그러면 5. 먹을

06~08

> 프엉 : 투안 씨, 학교에서 빵과 과자를 살 수 있어요?
>
> 투안 : 네, 학교 안에 빵집이 있어요. 빵과 과자를 살 수 있어요.
>
> 프엉 : 학교에 레스토랑도 있어요?
>
> 투안 : 네, 우송타워에 레스토랑이 있어요. 이름이 솔파인이에요.
>
> 프엉 : 레스토랑에 가면 스테이크를 먹을 수 있어요?
>
> 투안 : 네, 스테이크가 아주 맛있어요.

09~10

> 9. 프엉 : 투안 씨, 학교에서 빵과 과자를 (살 수 있어요)?
>
>   투안 : 네, 학교에 (빵집이) 있어요.
>
> 10. 프엉 : 레스토랑에 (가면) 스테이크를 (먹을 수 있어요)?
>
>   투안 : 네, 스테이크를 (먹을 수 있어요).

확인 학습 check

01

> 가 : 산이 <u>높아요?</u>
> 나 : 아니요, (   ).

① 낮아요　　　② 작아요　　　③ 짧아요　　　④ 멀어요

02

> 가 : 영화가 <u>재미있어요?</u>
> 나 : 아니요, (   ).

① 나빠요　　　② 비싸요　　　③ 어려워요　　　④ 재미없어요

03 가 : 수영장에 가면 뭐 할 수 있어요?
　　 나 : 수영장에 가면 (　　　　　　　　　　　　　)

04 가 : 노래방에 가면 뭐 할 수 있어요?
　　 나 : 노래방에 가면 (　　　　　　　　　　　　　)

05 가 : 도서관에 가면 뭐 할 수 있어요?
　　 나 : 도서관에 가면 (　　　　　　　　　　　　　)

06

가 : 버스가 오지 않아요.
나 : 지하철을 (   ) 약속 시간을 지킬 수 있어요.

① 타고   ② 타지만   ③ 타면   ④ 타지

07

가 : 지금 갈 수 있어요? 저녁에 약속이 있어요.
나 : 네, 약속이 (   ) 먼저 가요.

① 있으면   ② 있고   ③ 있지만   ④ 있어서

08

가 : 날씨가 너무 더워요.
나 : 그래요? (   ) 에어컨을 다시 켜요.

① 덥고   ② 더워서   ③ 덥지만   ④ 더우면

09~10 두 문장을 바르게 연결하십시오.

09 일이 끝나다 / 전화를 하다
(   )

10 시험이 끝나다 / 여행을 가다
(   )

17

자전거를 잘 타요?

자전거를 잘 타요?

왕호 : 투안 씨, 어디에 가요?

투안 : **공원**에 가서 **자전거를 탈 거예요**.

왕호 : 투안 씨는 **자전거를 잘 타요**?

투안 : 네, 잘 타요. 베트남에서 자주 **자전거를 탔어요**.

　　　왕호 씨도 **자전거를 잘 타요**?

왕호 : 아니요, 저는 **자전거를 잘 못 타요**.

☑ **발음**
- 탈 거예요 [탈 꺼예요]
- 잘 못 타요 [잘 모타요]

☑ **어휘**
- 공원 park
- 자주 often

사진을 찍다
그림을 그리다
책을 읽다
운동을 하다
돈을/우표를 모으다
바둑을 두다
낚시를 하다
태권도를 하다
탁구를 치다
스키를 타다
쇼핑을 하다
운전을 하다

문법 Grammar   **01. N을/를 잘 V(잘하다), N을/를 잘 못 V(못하다)**   be good at / be poor at

▶연습문제 1

보기

→ <u>요리를 잘해요</u>.

1) → _______________________.

2) → _______________________.

3) → _______________________.

4) → _______________________.

보기

➡ <u>요리를 잘 못해요</u>.

1) ➡ _________________________.

2) ➡ _________________________.

3) ➡ _________________________.

4) ➡ _________________________.

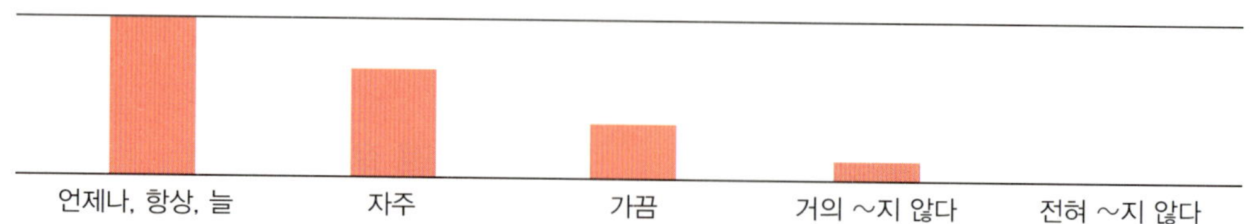

02. 항상/자주/가끔/거의 −지 않다/전혀 −지 않다 Always/often/sometimes/rarely/never

| 언제나, 항상, 늘 | 자주 | 가끔 | 거의 ～지 않다 | 전혀 ～지 않다 |

▶ **연습문제 1**

저는 항상 운동을 해요.

일	월	화	수	목	금	토
○	○	○	○	○	○	○

월	화	수	목	금	토	일
○	○	○	○	×	○	×

1) 저는 ___________________________.

월	화	수	목	금	토	일
×	○	×	○	×	○	×

2) 저는 ___________________________.

월	화	수	목	금	토	일
○	×	×	○	×	×	×

3) 저는 ___________________________.

월	화	수	목	금	토	일
×	×	×	×	×	×	×

4) 저는 ___________________________.

▶ 연습문제 2

보기

가 : 피터 씨는 매일 운동해요?
나 : 네, 저는 항상 운동해요.

일	월	화	수	목	금	토
○	○	○	○	○	○	○

월	화	수	목	금	토	일
○	○	○	×	○	×	○

1) 가 : 안나 씨는 매일 커피를 마셔요?

　　나 : 네, 저는 ________ 커피를 마셔요.

월	화	수	목	금	토	일
×	○	×	○	×	×	○

2) 가 : 진진 씨는 매일 음악을 들어요?

　　나 : 아니요, ____________________.

월	화	수	목	금	토	일
×	×	○	×	×	×	○

3) 가 : 프엉 씨는 매일 요리를 해요?

　　나 : 아니요, ____________________.

월	화	수	목	금	토	일
×	×	×	×	×	×	×

4) 가 : 이유 씨는 매일 청소를 해요?

　　나 : 아니요, ____________________.

듣기 listening

01~05 다음을 듣고 알맞은 것을 고르십시오.

01 ① 농고　　② 농구　　③ 논구　　　**02** ① 차래요　　② 잘해요　　③ 잘래요

03 ① 같이　　② 가지　　③ 가티　　　**04** ① 배와요　　② 배우요　　③ 배오요

05 ① 제육관　　② 체육관　　③ 체욱간

06~08 다음을 듣고 질문에 답하십시오.

06 농구를 잘하는 사람은 누구예요?
　　① 왕호　　　　② 투안　　　　③ 이유　　　　④ 모두

07 누가 농구를 배울 거예요?
　　① 장진, 투안　　　② 투안, 이유　　　③ 이유, 장진　　　④ 모두

08 어디에서 농구를 배울 수 있어요?

____

09~10 다음을 듣고 알맞은 것을 쓰십시오.

09 이유 : 투안 씨는 (　　　　　) 운동을 (　　　　　)?
　　투안 : 저는 농구를 (　　　　　).

10 투안 : 이유 씨는 그림을 잘 (　　　　　)?
　　이유 : 아니요, 저는 그림을 (　　　　　).

탁구

　저는 요즘 탁구를 자주 칩니다. 전에는 탁구를 좋아하지 않았습니다. 탁구를 잘 못 쳤습니다. 탁구를 치면 팔도 아프고 힘들었습니다. 하지만 친구들이 탁구를 좋아합니다. 그래서 요즘 친구들과 자주 탁구를 쳤습니다.

　탁구를 치면 땀이 납니다. 친구들과 이야기도 많이 합니다. 그러면 재미있고 기분이 좋습니다. 이기면 더 기분이 좋습니다.

　탁구가 처음에는 힘들었지만 지금은 재미있습니다. 저는 탁구를 잘 칩니다. 다음 주에 친구들과 탁구대회를 할 것입니다. 꼭 1등을 할 것입니다.

01~03 맞으면 ○ 틀리면 × 하십시오.

01 나는 요즘 탁구를 좋아하지 않습니다. (　　　)

02 친구와 탁구를 자주 쳤습니다. (　　　)

03 지금 나는 탁구를 잘 못합니다. (　　　)

☑ **어휘**
- 아프다 to be sick
- 힘들다 to be hard, be tired　• 땀 sweat
- 나다 to come out　• 이기다 to win
- 대회 meet; tournament; tourney

04~05 알맞은 것을 고르십시오.

04 요즘 탁구를 치면 기분이 어떻습니까?

① 재미있다　　　② 힘들다　　　③ 슬프다　　　④ 외롭다

05 위 글의 내용과 다른 것을 고르십시오.

① 전에는 탁구를 싫어했습니다.　　　② 지금도 탁구를 잘 못 칩니다.

③ 친구와 탁구를 치면 좋습니다.　　　④ 탁구가 힘들었지만 지금은 재미있습니다.

06 알맞은 것을 쓰십시오,

06 다음 주에 나는 무엇을 합니까?

____

활동1 activity 능력치 조사하기

– 여러분의 친구들은 어떤 것을 잘하고, 어떤 것을 잘 못합니까?
– 다음 질문을 친구에게 묻고, 얼마나 잘하는지 점수를 써 봅시다.

가 : 안나 씨는 한국어를 잘해요?
나 : 아니요, 한국어를 잘 못해요.

| 1점– N을/를 전혀 못해요. | 2점– N을/를 잘 못해요. | 3점– 보통이에요. |
| 4점– N을/를 잘해요. | 5점– N을/를 아주 잘해요. | |

질 문	친구1 이름 :					친구2 이름 :				
	1	2	3	4	5	1	2	3	4	5
예) 한국어를 하다		○								
1) 한국 요리를 하다										
2) 한국 노래를 하다										
3) 한국 신문을 읽다										
4) 한국 음식을 먹다										
5) 컴퓨터 게임을 하다										
6) 운전을 하다										
7) 탁구를 치다										
8) 운동을 하다										
9) 사진을 찍다										
10) 그림을 그리다										
합 계				/ 50점					/ 50점	

–우리 반 친구들에 대해 알아봅시다.

1) 우리 반 친구들은 항상 무엇을 해요?
2) 우리 반 친구들은 자주 무엇을 해요?
3) 우리 반 치구들은 가끔 무엇을 해요?
4) 우리 반 친구들은 무엇을 거의 하지 않아요?
5) 우리 반 친구들은 무엇을 전혀 하지 않아요?

질 문	항상/매일	자주	가끔	거의 ~지 않다	전혀 ~지 않다
1) 한국 요리를 하다					
2) 한국 노래를 하다					
3) 한국 신문을 읽다					
4) 한국 음식을 먹다					
5) 컴퓨터 게임을 하다					
6) 운전을 하다					
7) 탁구를 치다					
8) 운동을 하다					
9) 사진을 찍다					
10) 그림을 그리다					

듣기 대본 listening scripts

01~05 1. 농구 2. 잘해요 3. 같이 4. 배워요 5. 체육관

06~08

이유 : 왕호 씨는 농구를 잘해요.

　　　투안 씨도 농구를 할 수 있어요?

투안 : 네, 저도 농구를 할 수 있어요. 하지만 잘 못해요.

이유 : 저도 농구를 잘 못해요. 우리 같이 농구를 배워요. 어때요?

투안 : 이유 씨, 어디에서 농구를 배울 수 있어요?

이유 : 체육관에서 배울 수 있어요.

09~10

9.　이유 : 투안 씨는 (무슨) 운동을 (잘해요)?

　　투안 : 저는 농구를 (잘해요).

10.　투안 : 이유 씨는 그림을 잘 (그려요)?

　　이유 : 아니요, 저는 그림을 (잘 못 그려요).

개나리

진달래

튤립

무궁화

목련

카네이션

장미

국화

SALE
백화점

18

우리 함께 영화관에 갈까요?

18

우리 함께 영화관에 갈까요?

왕호 : 진진 씨, 주말에 시간이 있어요?

진진 : 네, 시간이 있어요.

왕호 : 우리 함께 **영화관**에 갈까요?

진진 : 네, 좋아요. 같이 가요.

왕호 : 저녁도 같이 먹읍시다.

진진 : 네, 좋아요. 같이 먹어요.

☑ **발음**
- 좋아요 [조아요]
- 저녁도 [저녁또]
- 같이 [가치]
- 갑시다 [갑씨다]

☑ **어휘**
- 함께 with, together
- 같이 together

커피숍
노래방
PC방
찜질방
공원
동물원
놀이공원
스케이트장
당구장
볼링장
탁구장
야구장
축구장
미술관
박물관
과학관

문법 Grammar 01. N와/과 함께(같이) With N / together with N

▶연습문제

보기

친구와 함께(같이) 밥을 먹어요.

1) 가족________________________________.

2) 장진________________________________.

3) 안나________________________________.

4) 아버지______________________________.

| V | 받침 ○ | -읍시다 | 먹다 + 읍시다 → 먹읍시다
읽다 +읍시다→ 읽읍시다
★ 듣다 + 읍시다 → 들읍시다 |
| | 받침 × | -ㅂ시다 | 가다 + ㅂ시다 → 갑시다
보다 + ㅂ시다 → 봅시다 |

▶ 연습문제 1

보기

우리 함께(같이) 공부합시다.

1) 우리 _______ 여행을 _______________.

2) 우리 _______ 운동장에서 _____________.

3) 우리 _______ 점심을 _______________.

4) 우리 _______ 음악을 _______________.

▶연습문제 2 : 우리 같이(함께) V-아/어요

보기

우리 같이 공부해요.

1) 우리 _______________________________.

2) 우리 _______________________________.

3) 우리 _______________________________.

4) 우리 _______________________________.

V	받침 ○	−을까요?	먹~~다~~ + 을까요? → 먹을까요? 읽~~다~~ + 을까요? → 읽을까요? ★듣~~다~~ + 을까요? → 들을까요?
	받침 ×	−ㄹ까요?	가~~다~~ + ㄹ까요? → 갈까요? 보~~다~~ + ㄹ까요? → 볼까요?

▶ **연습문제 1**

가 : 우리 오늘 영화 볼까요?
나 : 네, 봅시다.

1) 가 : 우리 같이 노래방에 ________________.
　　나 : 네, ____________________.

2) 가 : 우리 같이 밥을 ____________________.
　　나 : 네, ____________________.

3) 가 : 우리 같이 주말에 한국어를 __________.
　　나 : 미안해요, 주말에 ______________.

4) 가 : 우리 같이 오늘 저녁에 ____________.
　　나 : 미안해요, 오늘 저녁에 ____________.

A/V−(으)ㄹ까요?

When a verb stem ends in a consonant, '−을까요?' is used, and when a verb stem ends in a vowel, '−ㄹ까요?' is added. '−ㄹ까요/을까요?' is used to express suggestion, proposition, or speaker's guess.

▶연습문제 2 : 그림을 보고, 문장을 완성하세요.

우리 오늘 영화 볼까요?

네, 좋아요.
한국 영화 봅시다.

저녁에 같이 중국 음식
______________?

네, ______________.
______________.

우리 몇 시에 ________?

5시에 만납시다.

우리 노래방에 ______?

네, ______________.
______________.

저녁에 같이 한국어
______________?

네, ______________.
______________.

우리 한국어로 이야기
______________?

네, ______________.
______________.

오늘 저녁에 같이 술을
______________?

미안해요.
오늘은 시간이 없어요.

01~05 다음을 듣고 알맞은 것을 고르십시오.

01 ① 좋아요　　② 좋아요　　③ 저아요　　　　**02** ① 미안내요　② 미안해요　③ 미한해요

03 ① 약쑥　　② 악쑥　　③ 약쏙　　　　**04** ① 영화광　　② 영화관　　③ 연와강

05 ① 쇼핑　　② 소핑　　③ 샤핑

06~08 다음을 듣고 질문에 답하십시오.

06 왕호 씨는 왜 주말에 장진 씨를 만날 수 없어요?
　　① 약속이 있어요.　　　② 등산을 가요.　　　③ 마트에 가요.　　　④ 쇼핑을 가요.

07 왕호 씨는 이번 주말에 진진 씨와 어디에 갈 거예요?
　　① 영화관　　　　　② 등산　　　　　③ 마트　　　　　④ 계룡산

08 프엉 씨와 왕호 씨는 다음 주 일요일에 무엇을 할 거예요?

____

09~10 다음을 듣고 알맞은 것을 쓰십시오.

09 안나 : 피터 씨, 주말에 (　　　　　) 쇼핑 (　　　　　)?
　　피터 : (　　　　　).

10 피터 : 안나 씨, 주말에 (　　　　　) 영화 (　　　　　).
　　안나 : (　　　　　). 약속이 있어요.

☑ **어휘**
• 계룡산 Gyeryongsan
• 그럼 if (that is) so

읽기 reading

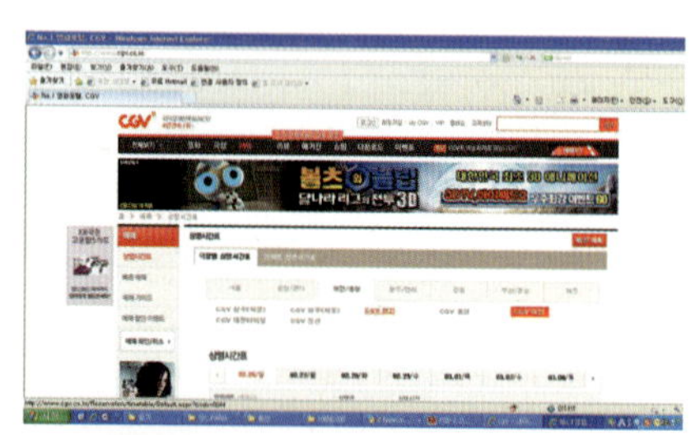

진진 씨에게

　우리 같이 주말에 영화를 봅시다. 제가 인터넷으로 미리 영화 프로그램을 봤습니다. CGV에서도　영화를 볼 수 있습니다. 아카데미극장에서도 영화를 볼 수 있습니다. 어느 극장에 갈까요?

　영화를 보고 저녁을 먹읍시다. 진진 씨는 떡볶이를 잘 먹습니까? 저는 떡볶이를 잘 먹습니다. 진진 씨가 떡볶이를 잘 못 먹으면 성심당에서 빵과 팥빙수를 먹읍시다. 그러면 주말에 만납시다.

01~03　맞으면 ○ 틀리면 × 하십시오.

01　진진 씨가 왕호 씨에게 이메일을 썼습니다. (　　　)

02　왕호 씨는 떡볶이를 먹을 수 있습니다. (　　　)

03　왕호 씨는 인터넷으로 영화를 봤습니다. (　　　)

☑ 어휘
- 미리 beforehand ; in advance
- 프로그램 program ・CGV극장 CGV theater
- 아카데미극장 Academy theater
- 떡볶이 tteokbokki(rice cakes in hot sauce)
- 성심당 Sungsimdang
- 팥빙수 Patbingsu(adzuki-bean ice dessert)

04~05　알맞은 것을 고르십시오,

04　진진 씨와 왕호 씨는 어디에서 영화를 봅니까?
　① 인터넷으로　　　② 극장에서　　　③ 집에서　　　④ 성심당에서

05　위 글의 내용과 다른 것을 고르십시오.
　① 주말에 영화를 볼 거예요.　　　② CGV와 아카데미 극장에서 영화를 볼 수 있어요.
　③ 저녁을 먹고 영화를 볼 거예요.　　　④ 영화 프로그램은 인터넷에서 미리 알 수 있어요.

06　알맞은 것을 쓰십시오,

06　진진 씨가 떡볶이를 못 먹으면 어떻게 합니까?

제안하기

– 친구와 쉬는 날 무엇을 할까요? '–(으)ㄹ까요?, –(으)ㅂ시다'를 사용해 이야기 합시다.

| 제주도 | 경주 | 부산 | 서울 |

(1) 가 : 어디에 갈까요?
    나 : _______________________ .

(2) 가 : 언제 갈까요?
    나 : _______________________ .

(3) 가 : 어떻게 갈까요?
    나 : _______________________ .

(4) 가 : 무엇을 _______________________ ?
    나 : _______________________ .

(5) 가 : 무엇을 _______________________ ?
    나 : _______________________ .

듣기 대본 listening scripts

01~05 1. 좋아요 2. 미안해요 3. 약속 4.영화관 5. 쇼핑

06~08

장진 : 왕호 씨, 주말에 시간이 있어요? 마트에 같이 쇼핑 갈까요?

왕호 : 미안해요. 시간이 없어요. 주말에 약속이 있어요.

장진 : 무슨 약속이에요?

왕호 : 진진 씨와 영화관에 갈 거예요.

장진 : 그래요? 그럼 다음 주 주말은 어때요?

왕호 : 프엉 씨와 계룡산에 갈 거예요.

　　 음…… 그러면 다음 주 토요일에 쇼핑하고 일요일에 같이 등산 갑시다.

장진 : 좋아요. 그렇게 합시다.

09~10

9.　 안나 : 피터 씨, 주말에 (같이) 쇼핑 (갈까요)?

　　 피터 : (좋아요).

10.　 피터 : 안나 씨, 주말에 (함께) 영화 (봅시다).

　　 안나 : (미안해요). 약속이 있어요.

Tip　영화의 종류

만화

액션

애정

코미디

공상 과학

공포

확인 학습 check

01

> 가 : 무슨 계절이 ( )?
> 나 : 저는 가을이 ( ).

① 좋아요 ② 좋을까요 ③ 좋아해요 ④ 좋았어요

02

> 가 : 한국 영화를 ( )?
> 나 : 네, 자주 봐요.

① 좋아해요 ② 좋아했어요 ③ 좋아할래요 ④ 좋아할 거예요

03

> 나는 가끔 아버지와 ( ) 등산을 합니다.

① 같이 ② 모두 ③ 너무 ④ 따로

04

> 저는 스키를 잘 타요. ( ) 겨울을 좋아해요

① 그러나 ② 그러면 ③ 그래서 ④ 하지만

05

> 요즘 너무 바빠요. 하지만 ( ) 등산을 해요.

① 전혀 ② 가끔 ③ 거의 ④ 같이

 무엇에 대한 이야기입니까? 알맞은 것을 고르십시오.

06

저는 낚시를 좋아해요. 주말에 자주 낚시를 해요.

① 취미　　　　② 약속　　　　③ 계절　　　　④ 장소

07

봄에는 딸기를 많이 먹고 여름에는 참외와 수박을 많이 먹어요. 가을은 포도와 사과를 많이 먹고 겨울에는 귤을 많이 먹어요.

① 고기　　　　② 운동　　　　③ 옷　　　　④ 과일

08~09　다음의 내용과 같은 것을 고르십시오.

08

저는 한국어를 잘 못합니다. 하지만 한국 영화를 자주 봅니다.
한국 영화를 보면 한국 문화를 알 수 있습니다.

① 저는 한국어를 잘합니다.　　　② 한국 영화는 안 봅니다.
③ 영화를 보고 한국 문화를 배웁니다.　　　④ 한국 영화를 보면 문화를 배울 수 없습니다.

09

내일은 친구 생일입니다. 저는 과자를 잘 만듭니다. 과자를 만들 것입니다.
내일 친구에게 선물할 것입니다.

① 저는 과자를 샀습니다.　　　② 저는 과자를 잘 못 만듭니다.
③ 친구의 생일은 다음 주입니다.　　　④ 내일 친구에게 과자를 줄 것입니다.

10　다음을 읽고 맞지 않는 것을 고르십시오.

방 있습니다!

방이 큽니다. 학교에서 가깝습니다.

책상, 침대, 옷장이 있습니다. 인터넷을 쓸 수 있습니다.

☎ 010-1234-5678

① 방이 조금 작습니다.
② 방에 가구가 있습니다.
③ 방이 학교 근처에 있습니다.
④ 방에서 인터넷을 할 수 있습니다

19

무슨 계절을 좋아해요?

학습목표 | 계절과 관련된 어휘와 표현을 익힐 수 있다.

무슨 계절을 좋아해요?

장진 : 이제 날씨가 더워요.

이유 : 네, 이제부터 여름이에요.

　　　장진 씨는 무슨 **계절**을 좋아해요?

장진 : **가을은 시원해요**. 그래서 저는 **가을을 좋아해요**.

　　　이유 씨는 무슨 **계절**을 좋아해요?

이유 : 저는 **스키를 잘 타요**. 그래서 **겨울을 좋아해요**.

☑ **발음**
- 여름이에요 [여르미예요]
- 가을은 [가으른]
- 좋아해요 [조아해요]
- 계절을 [계저를]

☑ **어휘**
- 날씨 weather
- 여름 summer
- 계절 season
- 그래서 so

어휘 vocabulary · 계절별 날씨 · 날씨가 어때요?

 봄	 여름	 가을	 겨울
 따뜻하다	 덥다	 시원하다	 춥다
 바람이 불다	 비가 오다	 맑다	 눈이 오다

문법 Grammar · **01. 무슨 N을/를 좋아해요?** What /Which N do you like?

▶연습문제 1

보기

저는 <u>바다</u>를 좋아해요.

1) 저는 (　　　　　　)을/를 좋아해요.

2) 저는 (　　　　　　)을/를 좋아해요.

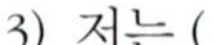

3) 저는 (　　　　　　)을/를 좋아해요.

4) 저는 (　　　　　　)을/를 좋아해요.

<table>
<tr><td>보기</td><td>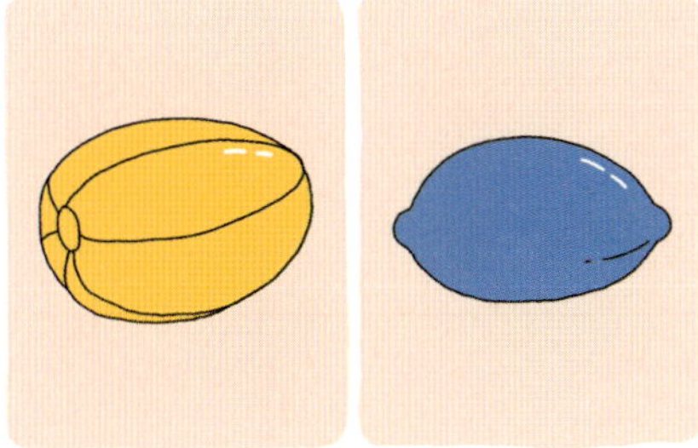</td><td>가 : 무슨 과일을 좋아해요?
나 : 저는 <u>참외</u>를 좋아해요.</td></tr>
</table>

1) 가 : 무슨 ___________을/를 좋아해요?

　 나 : 저는 __________을/를 좋아해요.

2) 가 : 무슨 ___________을/를 좋아해요?

　 나 : 저는 __________ 을/를 좋아해요.

3) 가 : 무슨 __________을/를 좋아해요?

　 나 : 저는 __________을/를 좋아해요.

3) 가 : 무슨 __________을/를 좋아해요?

　 나 : 저는 __________을/를 좋아해요.

▶연습문제 3

<table>
<tr><td>보기</td><td>가 : 무슨 계절을 좋아해요?
나 : 저는 겨울을 좋아해요.
가 : 왜요?
나 : 스키를 탈 수 있어요. 그래서 좋아해요.</td></tr>
</table>

1) 가 : 무슨 수업을 좋아해요?

　　나 : 저는 ________________________.

　　가 : 왜요?

　　나 : ________________________.

　　　　한국어 수업 / 재미있다 / 좋아하다

2) 가 : 무슨 음식을 좋아해요?

　　나 : 저는 ________________________.

　　가 : 왜요?

　　나 : ________________________.

　　　　비빔밥 / 맛있다 / 좋아하다

3) 가 : 무슨 운동을 좋아해요?

　　나 : 저는 ________________________.

　　가 : 왜요?

　　나 : ________________________.

4) 가 : 무슨 계절을 좋아해요?

　　나 : 저는 ________________________.

　　가 : 왜요?

　　나 : ________________________.

02. 그래서 So / therefore

▶연습문제

<table>
<tr><td>보기</td><td></td><td>토끼가 귀엽다 + 좋아하다
→ 토끼가 귀여워요. 그래서 좋아해요</td></tr>
</table>

1) 선생님이 친절하다 + 좋아하다

　　→ ________________________.

2) 가을은 시원하다 + 좋아하다

　　→ ________________________.

3) 밥을 안 먹었다 + 배가 고프다

　　→ ________________________.

4) 어제 운동을 했다 + 힘들다

　　→ ________________________.

A	'ㅂ'+ 어요	덥다 + 어요 → 더 (ㅂ → 우)+어요 → 더워요 고맙다 + 어요 → 고매(ㅂ → 우)+어요 → 고마워요

1) 가 : 날씨가 어때요? (춥다)

   나 : _______________________.

2) 가 : 가방이 어때요? (무겁다)

   나 : _______________________.

3) 가 : 커피가 어때요? (뜨겁다)

   나 : _______________________.

4) 가 : 한국어가 어때요? (쉽다)

   나 : _______________________.

ㅂ 불규칙 활용

When a verb or an adjective stem ends in 'ㅂ' and the next syllable begins with a vowel such as −아요 or 어요, 'ㅂ' is changed into '우'. However, '좁다, 입다, 씹다, 잡다 etc.' are not changed.

듣기 listening

01~05 다음을 듣고 알맞은 것을 고르십시오.

01 ① 힘덜지　② 힘돌지　③ 힘들지

02 ① 밤을　② 봄을　③ 범을

03 ① 맞아요　② 마저요　③ 멎어요

04 ① 꽃도　② 끝도　③ 꽃토

05 ① 괜찮어요　② 갱찮아요　③ 경청해요

☑ **어휘**
- 햇빛 sunshine
- 강하다 (be) strong

06~08 다음을 듣고 질문에 답하십시오.

06 무슨 계절이에요?

　① 봄　　② 여름　　③ 가을　　④ 겨울

07 프엉 씨는 왜 여름이 좋아요?

　① 꽃이 많아요.　② 날씨가 더워요.　③ 날씨가 따뜻해요.　④ 수영을 할 수 있어요.

08 투안 씨는 무슨 계절을 좋아해요?

　① 봄　　② 여름　　③ 가을　　④ 겨울

9 다음을 듣고 이어지는 말을 고르십시오.

09 ① 네, 여름이에요.　　② 아니요, 겨울이에요. 힘들어요.
　③ 네, 힘들어요. 하지만 괜찮아요.　　④ 아니요. 힘들어요. 하지만 더워요.

10 다음을 듣고 알맞은 것을 쓰십시오.

10 투안 : (　　　　) 여름이에요. 날씨도 (　　　) 햇빛도 강해요.
　프엉 : 네, 하지만 저는 여름을 (　　　　). 여름에 (　　　) 할 수 있어요. (　　　　) 저는 (　　　　　　).

겨울 등산

한국 친구가 겨울 등산을 좋아합니다. 오늘 눈이 왔습니다. 조금 추웠지만 친구와 계룡산 등산을 했습니다. 눈이 오면 산에 꽃이 핍니다. 친구가 말했습니다. 친구의 말이 궁금했습니다. 그래서 저도 같이 등산을 했습니다. 처음에는 아주 힘들었습니다.

정말 계룡산에 꽃이 있었습니다. 무슨 꽃이었을까요? 바로 눈꽃이었습니다. 산과 나무가 모두 흰색이었습니다. 정말 아름다웠습니다. 우리는 정상에서 경치를 보고 아주 즐거웠습니다. 사진도 많이 찍었습니다. 꼭 겨울 등산을 해보세요.

01~04   맞으면 ○ 틀리면 × 하십시오.

01 우린 항상 겨울 등산을 했습니다. (   )

02 계룡산에 있는 꽃은 눈꽃입니다. (   )

03 산은 푸른색이고 경치가 좋았습니다. (   )

04 한국 친구와 등산을 했습니다. (   )

05~07   알맞은 것을 쓰십시오.

05 날씨가 어땠습니까? _______________________________

06 어느 산에 갔습니까? _______________________________

07 산에서 무엇을 했습니까? _______________________________

☑ **어휘**
- 궁금하다 to wonder, to be curious
- 눈꽃 snow on the branches
- 아주 very
- 정상 the top of mountain
- 꼭 certainly; surely

활동 activity   문장 만들기

– 표를 보고 연결하여 문장을 만드십시오.('그래서'의 답이 나옵니다.)
– 첫 번째 질문 "무슨 계절을 좋아해요?"
– 두 번째 질문 "왜 (계절 이름)을 좋아해요?"
– 마지막은 자유롭게 만듭니다.

계절			
봄	여름	가을	겨울

날씨			
따뜻해요 / 바람이 불어요	더워요 / 비가 와요	시원해요 / 단풍이 예뻐요	추워요 / 눈이 와요

활동			
꽃구경 가요	수영해요	등산 가요 / 단풍 구경 가요	스키를 타요

듣기 대본 listening scripts

01~05 1. 힘들지 2. 봄을 3. 맞아요 4. 꽃도 5. 괜찮아요

06~08

투안 : 와, 정말 더워요. 프엉 씨, 힘들지 않아요?

프엉 : 네, 힘들어요. 하지만 괜찮아요. 계속 갈 수 있어요.

투안 : 이제부터 여름이에요. 날씨도 덥고 햇빛도 강해요.

프엉 : 네, 하지만 저는 여름을 좋아해요. 여름에 수영을 할 수 있어요.

　　　그래서 저는 여름을 좋아해요. 투안 씨는요?

투안 : 저는 봄을 좋아해요. 봄은 따뜻하고 꽃도 많아요. 그래서 봄을 좋아해요.

프엉 : 맞아요. 봄은 덥지 않아요.

09 다음을 듣고 이어지는 말을 고르십시오.

9.　투안 : 와, 정말 더워요. 프엉 씨, 힘들지 않아요?

　　프엉 : (네, 힘들어요. 하지만 괜찮아요)

10 다음 대화를 듣고 알맞은 말을 쓰십시오.

10.　투안 : (이제부터) 여름이에요. 날씨도 (덥고) 햇빛도 강해요.

　　프엉 : 네, 하지만 저는 여름을 (좋아해요). 여름에 (수영을) 할 수 있어요.

　　　　(그래서) 저는 (여름을 좋아해요).

Tip　색깔

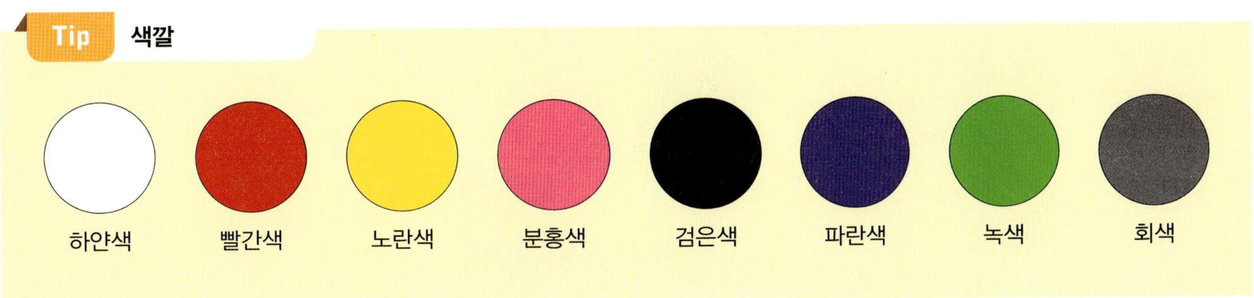

20

왜 학교에 늦었어요?

왜 학교에 늦었어요?

진진 : 프엉 씨, 오늘 왜 학교에 늦었어요?

프엉 : 감기에 걸려서 머리도 아프고 목도 아팠어요.

진진 : 그래요? 지금은 괜찮아요?

프엉 : 아니요, 아직도 조금 아파요. **병원**에 가고 싶어요.

☑ **발음**
- 늦었어요 [느저써요]
- 괜찮아요 [괜차나요]
- 지금은 [지그믄]

☑ **어휘**
- 왜 why
- 늦다 to be late
- 괜찮다 to be good(fine), to be all right

내과	외과	안과
피부과	치과	이비인후과
산부인과	성형외과	한의원

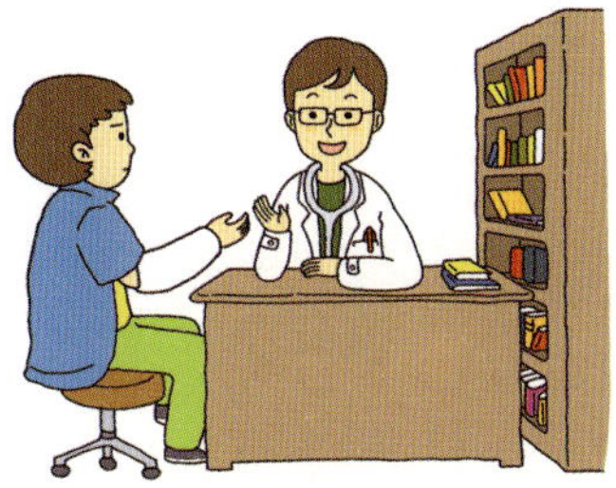

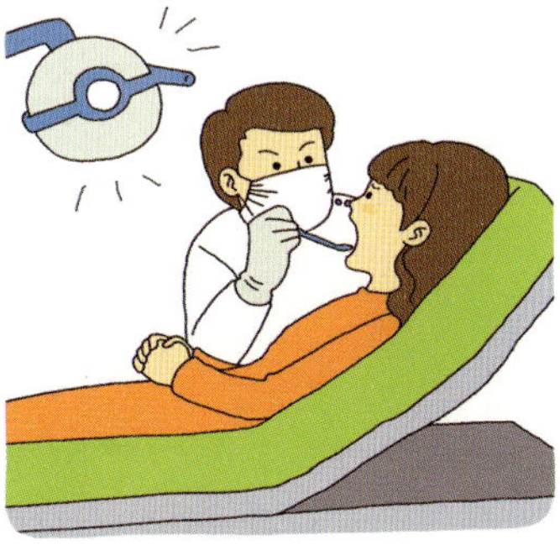

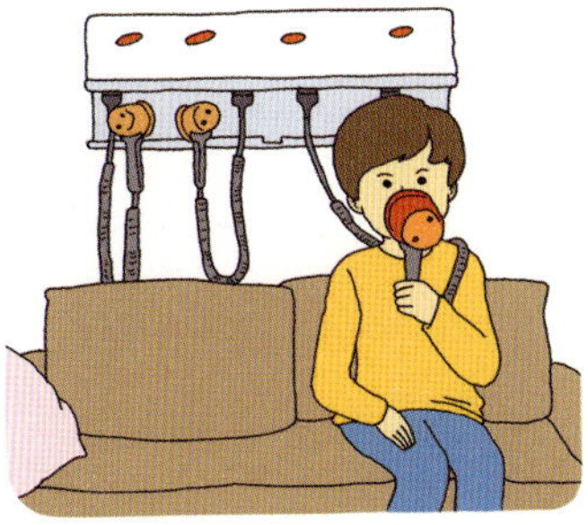

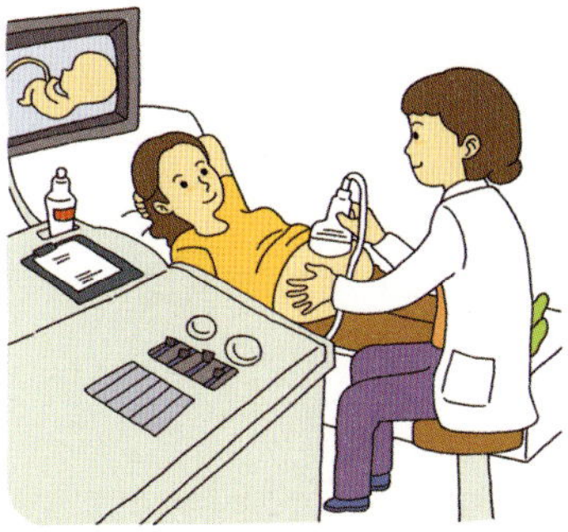

문법 Grammar 01. V/A-아/어서 S(이유)

▶연습문제 1

보기

숙제가 많다 + 힘들다

➡ 숙제가 <u>많아서 힘들어요.</u>

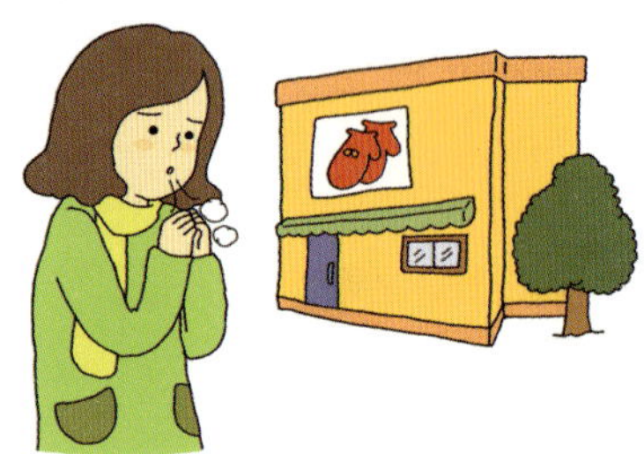

1) 러시아에서 친구가 오다 + 공항에 가다

➡ 러시아에서 친구가 ________________.

2) 날씨가 춥다 + 장갑을 사다

➡ 날씨가 ________________.

3) 발이 아프다 + 축구를 할 수 없다

➡ ________________.

4) 아이스크림을 많이 먹다 + 배가 아프다

➡ ________________.

V/A-아/어서

'-아서' is used when the final vowel of a verb or an adjective stem ends in 'ㅏ or ㅗ', and when the final vowel of a verb or an adjective stem is a vowel other than 'ㅏ or ㅗ', 어요 is added. This connective ending indicates that the first clause expresses a reason or cause of the succeeding clause.

보기

이가 아프다 + 치과에 갔다.
→ <u>이가 아파서 치과에 갔어요.</u>

1) 피곤하다 + 기숙사에 갔다

→ _______________________.

2) 비가 왔다 + 우산을 샀다

→ _______________________.

3) 돈이 없다 + 은행에 갔다

→ _______________________.

4) 시험이 끝났다 + 주말에 바다에 갈 것이다

→ _______________________.

02. V-고 싶어요 want to V

▶연습문제 1

보기

아버지와 어머니가 <u>보고 싶어요</u>.

1) 날씨가 더워서 팥빙수가 ＿＿＿＿＿＿＿＿.

2) 주말에 수영장에서 ＿＿＿＿＿＿＿＿＿.

3) 가 : 점심에 뭐 먹고 싶어요?

　나 : ＿＿＿＿＿＿＿＿＿＿＿＿.

4) 가 : 저녁에 뭐 하고 싶어요?

　나 : ＿＿＿＿＿＿＿＿＿＿＿＿.

▶ 연습문제 2

배가 아프다/ 내과에 가다 / −고 싶다
<u>배가 아파서 내과에 가고 싶어요.</u>

1) 손목을 다치다 / 외과에 가다 / −고 싶다

_________________________.

2) 눈이 아프다 / 안과에 가다 / −고 싶다

_________________________.

3) 피부병이 나다 / 피부과에 가다 / −고 싶다

_________________________.

4) 이가 아프다 / 치과에 가다 / −고 싶다

_________________________.

5) 감기에 걸리다 / 이비인후과에 가다 / −고 싶다

_________________________.

6) 눈병에 걸리다 / 안과에 가다 / −고 싶다

_________________________.

▶ 연습문제 3

날씨가 덥다 + 나가다 (×)
날씨가 더워서 <u>나가고 싶지 않아요.</u>

1) 그 남자는 정말 멋있다 + 헤어지다 (×)

그 남자는 정말 멋있어서_________________.

2) 이 책은 재미없다 + 읽다 (×)

이 책은 재미없어서_________________.

3) 김치가 맵다 + 먹다 (×)

_________________________.

4) 이 가방은 무겁다 + 사다 (×)

_________________________.

듣기 listening

01~05 다음을 듣고 알맞은 것을 고르십시오.

01 ① 오땠어요 ② 으땠어요 ③ 어땠어요

02 ① 늦었어요 ② 넛었어요 ③ 누졌어요

03 ① 팥빙수 ② 팥핑수 ③ 빠핑수

04 ① 우명해요 ② 유명해요 ③ 유면해요

05 ① 어체 ② 오제 ③ 어제

06~08 다음을 듣고 질문에 답하십시오.

06 프엉은 왜 학교에 늦었어요?

　① 피곤해서　　　　② 다리가 아파서　　　③ 팥빙수가 시원해서　　④ 날씨가 더워서

07 누가 오늘 팥빙수를 먹고 싶지 않아요?

　① 피터　　　　　② 장진　　　　　③ 이유　　　　　④ 프엉

08 오늘 날씨는 어때요? 쓰세요.

____

09~10 다음을 듣고 알맞은 것을 쓰십시오.

09 피터 : 어제 등산은 정말 즐거웠어요. 장진 씨는 (　　　　)?

　　　장진 : 저는 좀 (　　　) 아침에 힘들었어요.

10 피터 : 팥빙수는 성심당이 (　　　　). 프엉 씨도 같이 가요.

　　　프엉 : 미안해요. 오늘은 다리가 아파서 (　　　　　　).

　　　피터 : 프엉 씨, 팥빙수 먹으면 다리도 (　　　　　　). 같이 가요.

☑ **어휘**

- 즐겁다 to be pleasant, to be enjoyable
- 피곤하다 to be tired
- 유명하다 to be famous
- 쉬다 to take a rest

팥빙수의 추억

어제 나는 이유 씨와 장진 씨 그리고 피터 씨와 함께 등산을 했습니다. 다리도 아프고 피곤했습니다. 하지만 쇼핑도 하고 팥빙수도 먹고 싶어서 우리는 함께 시내에 갔습니다.

시내에서 옷도 사고 신발도 샀습니다. 날씨가 너무 더워서 우리는 쉬고 싶었습니다. 이유 씨가 성심당을 소개했습니다. 성심당은 1951년부터 빵을 팔았습니다. 성심당에서 빵을 공짜로 맛볼 수 있습니다. 2층에서는 식사도 할 수 있습니다. 나와 장진 씨는 팥빙수를 주문했습니다. 이유 씨와 피터 씨는 과일빙수를 주문했습니다. 팥빙수는 정말 맛있었습니다.

01~03 맞으면 ○ 틀리면 × 하십시오.

01 어제 이유는 피터와 같이 등산을 했습니다. (　　　)

02 우리는 팥빙수가 먹고 싶어서 시내에 갔습니다. (　　　)

03 성심당에서 빵과 팥빙수를 공짜로 먹을 수 있습니다. (　　　)

04~05 알맞은 것을 고르십시오.

04 등산 한 후에 우리는 어땠습니까?

① 피곤하다　　　② 맛있다　　　③ 슬프다　　　④ 외롭다

05 위 글의 내용과 다른 것을 고르십시오.

① 우리는 어제 등산을 했습니다.　　　② 오늘 우리는 시내에 왔습니다.
③ 우리는 오늘 쇼핑도 했습니다.　　　④ 우리는 팥빙수만 먹었습니다.

06 알맞은 것을 쓰십시오.

06 팥빙수는 어땠습니까?

____

☑ 어휘

- 소개하다 to introduce ・ ~부터 from
- 팔다 to sell ・ 공짜로 for free ・ 주문하다 to order
- 과일빙수 fruit ice dessert ・ 추억 memory
- 맛보다 to taste

활동 activity   이유 묻기

– 아래의 주제로 "왜?"를 사용해 질문하십시오.

시험이 끝나다

선생님이 예쁘다

선물을 받다   숙제가 없다   A+를 받다

차를 사다   제주도에 가서 아름다운 경치를 보다

남자친구가 오다

친구 1 : 왜 기분이 좋아요?
친구 2 : 시험이 끝나서 기분이 좋아요.

	친구 1	친구 2
1. 무엇을 하고 싶어요?		
2. 왜 그것을 하고 싶어요?		

01~05　1. 어땠어요　2. 늦었어요　3. 팥빙수　4. 유명해요　5. 어제

06~08

피터 : 어제 등산은 정말 즐거웠어요. 장진 씨는 어땠어요?

장진 : 저는 좀 피곤해서 아침에 힘들었어요. 프엉 씨는 괜찮아요?

프엉 : 저는 다리가 아파서 학교에 늦었어요.

피터 : 오늘도 날씨가 더워요. 우리 은행동에 가서 팥빙수를 먹을까요? 아주 시원해요.

장진 : 그래요? 어디가 유명해요?

피터 : 성심당이 유명해요. 프엉 씨도 같이 가요.

프엉 : 미안해요. 오늘은 다리가 아파서 쉬고 싶어요.

피터 : 프엉 씨, 팥빙수 먹으면 다리도 괜찮을 거예요. 같이 가요.

09~10

9.　피터 : 어제 등산은 정말 즐거웠어요. 장진 씨는 (어땠어요)?

　　장진 : 저는 좀 (피곤해서) 아침에 힘들었어요.

10.　피터 : 팥빙수는 성심당이 (유명해요). 프엉 씨도 같이 가요.

　　프엉 : 미안해요. 오늘은 다리가 아파서 (쉬고 싶어요).

　　피터 : 프엉 씨, 팥빙수 먹으면 다리도 (괜찮을 거예요). 같이 가요.

확인 학습 check

01

> 가 : 왜 그래요? 어디가 아파요?
> 나 : 머리가 아파요. 그리고 열이 (   ).

① 내요   ② 나요   ③ 가요   ④ 해요

02

> 가 : 내일 같이 쇼핑할까요?
> 나 : 미안해요, (   )
> 가 : 그럼 다음에 갑시다.

① 내일은 바빠서 못 가요   ② 저는 시간이 많아요
③ 아니요, 쇼핑해요   ④ 네, 내일 가고 싶어요

03

> 가 : 왜 수업 시간에 늦었어요?
> 나 : 미안해요, (   ).

① 비가 와서 늦었어요   ② 시간이 많아서 늦을 거예요
③ 수업하고 싶어요   ④ 수업할 거예요

04

> 가 : 오후에 같이 병원에 가요.
> 나 : 미안해요, (   ).

① 숙제가 있어서 같이 가요.   ② 약속이 있어서 못 가요
③ 오후에 같이 병원에 가요.   ④ 오후에 병원에 가고 싶어요

05

> 한국은 봄, 여름, 가을, 겨울이 있습니다. 겨울에는 눈이 옵니다.
> 눈이 오면 눈사람도 만들고 눈싸움도 합니다. 참 재미있습니다.

① 한국   ② 소개   ③ 계절   ④ 활동

06

영화를 보다 / 저녁을 먹다.

① 영화를 보고 저녁을 먹읍시다.　　② 영화를 보지만 저녁을 먹읍시다.
③ 영화를 봐서 저녁을 먹읍시다.　　④ 영화를 보려고 저녁을 먹읍시다.

07

날씨가 조금 추웠다 / 계룡산에 갔다.

① 날씨가 조금 춥고 계룡산에 갔다.　　② 날씨가 조금 추웠지만 계룡산에 갔다.
③ 날씨가 조금 추워서 계룡산에 갔다.　　④ 날씨가 조금 추웠어서 계룡산에 갔다.

08

다리가 많이 아팠다 / 쉬었다

① 다리가 많이 아팠지만 쉬었다.　　② 다리가 많이 아팠었어 쉬었다.
③ 다리가 많이 아팠으면 쉬었다.　　④ 다리가 많이 아파서 쉬었다.

09~10 다음 중 밑줄 친 부분이 틀린 것을 고르십시오.

09　① 우리 함께 <u>공부합시다</u>.
　　② 수업이 끝난 후에 식당에 <u>갑시다</u>.
　　③ 큰 소리로 책을 <u>읽읍시다</u>.
　　④ 다시 한 번 잘 <u>듣읍시다</u>.

10　① 여름에는 날씨가 <u>더워요</u>.
　　② 선생님의 가방이 너무 <u>무겁어요</u>.
　　③ 커피가 <u>뜨거워서</u> 먹을 수가 없어요.
　　④ 한국어가 <u>쉽고</u> 재미있어요.

우유	11과
우즈베키스탄	1과
운동선수	1과
운동을 하다	7, 13, 17과
운동장	4, 8, 10과
운전을 하다	17과
원	11과
원숭이	15과
월	10과
월요일	10과
위	6과
용	15과
유명하다	20과
육	13과
은행	4, 7과
은행동	12, 15, 20과
음료수	11과
음악	7, 9과
음악을 듣다	17과
의사	1과
의자	2과
이	13과
이것	2과
이기다	17과
이름	5과
이번주	10과
이불	3과
이비인후과	20과
이십	13과
이십오	13과
이야기	14과
인도네시아	1과
인천	14과
일(one)	11과
일(work)	15과
일곱	11과
일기	8과
일본	1과
일어나다	4과
일요일	10과
읽다	4, 7과
입	2과
있다	5과

ㅈ

자가용	14과
자다	4, 7과
자전거	14과

자주	17과
작년	10과
작다	8과
작은방	6과
잔	11과
잠	7과
장	11과
장갑	5, 20과
장미	17과
장소	9과
재미없다	15과
재미있다	9, 15과
저	1과
저것	2과
저기	4, 11, 14과
저녁	13과
적다	8과
전에	12과
전자레인지	6과
전자사전	5과
전화기	6과
전화하다	12과
점심	13과
정말	14, 15과
정문	4, 14과
제	5과
제일	15과
제주도	12과
조금	12과
좀	15과
종이	11과
좋다	15과
좋아하다	19과
죄송하다	1과
주말	12, 14과
주먹밥	12과
주문하다	20과
주방	6, 16과
주부	1과
주스	11과
줄	11, 13과
중	15과
중구	20과
중국	1과
중앙역	8과
쥐	15과
즐겁다	20과
지갑	5과
지금	13과
지난주	10, 12과

지우개	2, 5과
지하철	14과
직원	15과
진달래	17과
짧다	8, 15과
쫄면	12과
쯤	14과
찜질방	18과

ㅊ

차	12과
창문	2, 3, 9과
찾다	7, 9, 11과
채소	8과
책	2, 4과
책을 사다	7과
책상	2과
책을 읽다	17과
책장	3과
천원	8과
청소하다	9, 12, 14과
체육관	7, 17과
초	13과
추억	20과
축구를 하다	16과
축구장	18과
축하하다	10과
춤	14과
춤추다	9과
춥다	8, 15, 19과
층	11과
치과	20과
치마	11과
치약	3과
치킨	11과
치킨집	16과
친구	5, 12과
친절하다	15과
칠	13과
칠판	2과
침대	3, 5과
칫솔	3과

ㅋ

카네이션	17과
카드	15과